古典嗜讀

中庸釋詮

賈馥茗、李宗薇、魯先華、葉坤靈、陳玉珍 著

五南圖書出版公司 印行

序

在美國讀書時，看到他們在政治民主的前提下，所標榜的教育目的是「發展個性」。從每個人都是一個獨立的個體，各自有其個性看，發展個性就是允許個人「順性」發展，不受任何干擾，當然更無人可以「越俎代庖」。無如「順性」也可說是「任性」。一個人任性作為，是否可以不加「任何條件」或限制，頗滋疑議。關鍵是人類的幼稚期相當長，不像多數動物般，一生下來就有了生活和自衛的能力，「任其發展」的「任」字，是否本就有命定的限度。

父母供應生活所需是父母的天職，這倒是有共識的；但同時父母也要維護幼兒生命的安全，如此是否要在「任其」方面打個折扣？因為人類早已離開了大自然，生活在人所獨創的「文明環境」中，製造出不見於自然的器物，使生活便利了許多，但是也含著危及生命的因素。

盧梭主張教育兒童，應該令其在自然中生長，因而反對「管束」，並說在兒童活動涉及到危害時，也不該阻止，而是應該讓兒童在自己的行動中，接受「自然的懲罰」。例如兒童把手伸向火爐玩火，父母大可不管，等他燙了手而痛後，下次自然就不玩火了。這個例子說明讓兒童從切身經驗中學習最有效，比成人的耳提面命更好，是教育者所公認的。問題是文明生活中器物愈來愈方便，危險性也就更高，一個玩耍動作發出後，可能致命，來不及接受「經驗教訓」。「放任」就有值得考慮之處了。那麼如何保證兒童對危險性的活動，有「洞見先機」能力？

的確，在成人未曾全體接受盧梭的主張之下，往往對兒童有所禁制，兒童「所望不遂」，開始大哭大鬧，於是成人不是屈服；就是任其哭鬧。前者兒童得勝，可能形成「所望必遂」的習慣，從此予取予求，養成「唯我獨尊」的觀念。後者則形成情緒衝動的習慣，怒則哭鬧反抗，喜則踴躍笑叫。兩者的父母可以忍受，但是日後生活中所接觸的人，是否都能接受？當然依照盧梭的主張，可以寄望兒童日後遇到「不屈服」或「不容忍」的人時，自會得到另一種經驗，自己另行適應，不過「日後」的改正機率有多大，可能也要考慮一下。

筆者贊成教育應該「助長」個性的發展，但是芸芸眾生，個性各異，不能各自「任性而為」。尤其在文明社會中，沒有人能夠單憑一己的力量，就可以滿足生活所需；於是不得不放棄一部分個性來適應社會。

適應社會自然要從切近的環境開始，而每個人的切近環境又各各不同。不過所謂適應環境，實際上乃是適應環境中的人。則凡屬人類，都有一項普遍的對別人的期望，即是期望「別人和善對我」。到了以「個人」為出發點時，便是「和善」對人。和善出自於「平和」的心境，即所謂之心理狀況。保持平和的心理狀況，則不輕易衝動，不會動輒狂喜暴怒，情與性相連，便要自己平時修養身心，陶融情性。

人心共同的現象，是在受到阻撓或橫逆時，會生出厭惡以至憤怒之情。幼兒行動受人阻撓則啼哭反抗；成人面對冷漠橫暴則不免不快以至憤怒，這樣的反應，對人對己，都增加不快。最好的辦法，是克制自己，不任衝動一往直前，以平息自己的情緒。因而涵融性情，調整自己，是最根本的待人處己之道，從幼年便要開始這項工夫。

中庸教人調節喜怒哀樂以致中和，以「誠實無妄」時時省察自己，在喜怒哀樂之情發作時，不致過或不及，即是因為人情之常，不免於情感作用，求作用得當，是每個人所需要的。

多年來每次檢閱中庸章句，便覺得一個概念往往分散於若干章，而不相連貫。竊以為若稍作整理，重行編排文字順序，可能更利於閱讀和尋繹。去年與博士班學生偶然談到此事，李宗薇、葉坤靈、魯先華、陳玉珍四同學熱烈響應，亟願完成此舉。於是分工合作，先就原編文字，依意義分別列舉，然後歸成四類，為：天道、人道、修道和政道。四人各就原來文字，參酌各家注疏，予以解釋，名之為「釋」。筆者另就文義內涵演出詮釋，名之為「詮」。以推衍先哲之意，以便學習者了解並應用。

重編後對原編文字順序頗有異動，只為求概念文字銜接，並無唐突古人之意，希望藉此宏揚先哲思想，以明先哲的睿智，在今日仍然放諸四海而皆準，行之萬世而不悖。原編文字仍附於後，以供參考，以示詮者釋者之不欺。至於編排是否妥當，尚待方家指正。

目錄

中庸釋詮

釋 李宗薇
魯先華
葉坤靈
陳玉珍
詮 賈馥茗

天道

李宗薇 釋

天命之謂性，率性之謂道，脩道之謂教（一）

釋

天道生成萬物，每一種物都有其性質，注定了其生存的方式與歷程，即天命之謂性之意。人是萬物之中的一類，也是由天道而生，生而稟有人的性質，有後天發展的潛能，把人的潛能導引出來是人道。人道要加上修習的功夫才能完成，指導人修習人道就是教或教育。

詮

㈠「道」字在形上學中爲宇宙本體，是宇宙萬物的根原，含著萬物生成的道理或法則。見於古籍的從周易看，繫辭上第五章有句爲：「一陰一陽之謂道。」第十二章又有「是故形而上者謂之道。」都是這個意思。

參照老子二十五章（王弼注本）說：「有物混成，先天地生，寂兮寥兮，獨立而不改，周行而不殆，可以為天地母。吾不知其名，字之曰道。」又四十二章中說：「道生一，一生二，二生三，三生萬物。」是「道」字的同一命意。又韓非子主道篇引老子之說，也有類似的話，為：「道者萬物之始。」解老篇說：「道者萬物之所以然。」

㈡「道」字在形上本體的命意之外，又有了附加一字而成了另外的名辭，周易繫辭下第十章說：「易之為書也，廣大悉備，有天道焉，有人道焉，有地道焉，兼三才而兩之。」繫辭上第四章說：「易與天地準，故能彌綸天地之道。」說卦傳第二章說：「立天之道，曰陰與陽；立地之道，曰柔與剛；立人之道，曰仁與義。」如是便又有了「天道」、「地道」、「天地之道」和「人道」幾個名稱。見於中庸的，除了本則一個「道」字之外，還有「天之道也」和「人之道也」以及「天地之道」。（見後文）從文意看，「天之道」和「天地之道」應和本體的「道」字同義。但「率性之謂道」的「道」字，所指的應該是「人道」，才能和下一句「脩道之謂教」貫穿。這樣解釋和本體「道」字的意義不相矛盾，因為「人道」也是原自「天道」，把這一句的「道」字作「人道」解釋，可能容易明白。

㈢「天道」在古籍中也常以一個「天」字代表。書經商書仲虺之誥中有句爲：「惟天生民有欲，無主乃亂。」後文中又有「夏王有罪，矯誣上天，以布命于下，帝用不臧，式商受命，用爽厥師。」等語，出現了「上天布命」的用語。湯誥中有「惟皇上帝，降衷下民。」此後「上天」「上帝」等名稱屢見不鮮，用來參照「天命」，可以窺知其意旨。

㈣「天命」之「命」字，朱注爲「命由令也。……於是人物之生，因各得其所賦之理，以爲健順五常之德，所謂性也。」不出道生物或天生物的概念。不過道（或天）生萬物的道理和法則，既然就「在道之中」。似乎不必就「命」字的通義，解釋爲「命令」，從「天道生物」的根原上解釋，物各有其類，是「生而即定的」，率直的說，就是生下來就如此，所以才承認「生之謂性。」比把天看作「發號施令」的機構，可以省去更多的解釋。

㈤從廣義方面看，「天命之謂性」應是指「萬物」。縮小一點範圍看，是指所有「有生命」之物。大戴禮「本命第八十」開章說：「分於道，謂之命（此「命」字乃「生命之命」，與天命之「命」字意義不同。）形於一，謂之性。化分陰陽，象形而發，謂之生。」是指道生萬物，物各有類而言。同書「易本命第八十一」中說：「子曰：夫易之生，人、禽、獸、萬物、昆蟲，各有以生。或奇或偶，或飛或行，而莫知其情。」也是從廣義方面著眼。

不過中庸是旨在從「人道」立論，天命之謂性的「性」字，可以斷言是專就人而說的，指天道生人，人生而稟有人的性質。如此解釋，方不違中庸的主旨。

㈥中庸原文開章這三句話，界定了道、性和教。從第三句推上去看，「修道」可以說是修人道，因爲人有修人道的天生特質，又有修人道的需要。人修道的特質在於生而有可以自作主宰的心靈，不似其他的生物般只服膺本能生活，在生活歷程中，只能適應環境，而不能創造。人有創造能力，在自然環境中改變物質，製造事務，因而對物質的需要衍生出物欲，超過了生存的需要。另一方面，與生俱來的七情（喜、怒、哀、懼、愛、惡、欲）以其原有的衝動性，一則影響本身的心境，因情感衝動過分劇烈而不得其「正」（平衡適度），防害自己的健康、行動和處人的方式；一則影響與人（別人：包括生活中最接近的人、有互助需要的人、一至所有的人。）相處的方式，不合群居的原則，其中特別因「物欲」擴張而生出許多和生存相矛盾的行爲和事件。這些都在人類之中，需要修，即是修人道。

然而人卻不是生而即知道「人道」的道理和法則，必須自己悟解。而要悟解又必須有人提示啓發，敦促鼓勵。提示啓發和敦促鼓勵的工作或歷程在於教或教育。也可以說，修人道就是教或教育。

㈦修人道重在導引人的「靈性」，即是把人特有的稟賦（創造及作爲合乎道理原則的）發揮出來，合乎「正用」；消極的就是不爲物欲所染，以免泯滅先天的優秀稟賦。所以「人道」原本和「天道」或形上的「道」相通。如此便可解釋第二句的「率性之謂道。」再推到第一句「天命之謂性」，和「道」或「天道」便可以貫穿而相通了。

㈧這一則依原編，但放在天道之中，是想闡釋教的目的在修人道，人道則依乎天道，以修人道爲人的任務，而修人道則原自天道。修人道是「實際」；承天道含在天道之中，可以視天道爲教育的形上根原。

誠者，天之道也；

（二十）

釋

誠指永久不變（永恆）、無偏無私、堅持到底，是天道的核心精神。這種精神一貫普遍而永恆，是生物最根本的原理原則，稱爲天道。

詮

㈠「誠」字是最明白易曉的字。從造字的本義說，乃是一個會意字，即所謂之「人言爲信。」而「信」字義爲「言行相符，眞實無僞。」常言「信實」即所言不虛，不虛必有實可徵。從會意說，言而成信的「成」字，意爲「就」。「就」字據小篆，左旁的「京」字意爲「絕高之丘」；右邊的「尤」字爲「異於凡品」，所以可作「高」來解釋。現通行的二字成語「成就」，可能是由這個意義而來，依此可以先確定「誠」字含著「有成而高」的意思。

㈡「誠」字是「眞實無妄」的意思。「妄」字爲「虛假」，虛則不實，假則不眞。沒有虛假的成分，從正面說，即是「誠」。又「眞實無妄」除了毫無「虛假」之外，也含著「表裡如一，無所隱諱」的意思，如此不但是「誠」，而且與「善」相並。後漢書馬援傳中有句爲「至誠好善，無所隱伏。」

㈢「誠者，天之道也。」是專就天道之誠而言。就一個「誠」字說，天道眞實無僞無妄，高明悠久，執一無二，無偏無私，恆久不變，後文有更詳盡的說明。

㈣天道的信實和成就，見於生物的神奇，而無須用言語表達。論語陽貨篇中載：「子曰：予欲無言。子貢曰：子如不言，則小子何述焉；子曰：天何言哉，四時行焉，百物生焉，天何言哉！」確定了這一點。據此推究，人用語言表達內心的意念和想法；「天」或「天道」沒有語言，卻有「表現」，即是通稱的現象。如果承認萬物之生根原於道，則現象中可見的生消榮枯、變化演進便可說是「道」的作用。作用是「動」，猶如人的行動和作爲。人說話和行動作爲一致，是信，也就是誠。天道不用語言，只靠作用的規律表現沒有二致，可以證明天道之誠。

㈤中庸說「誠者，天之道也。」解釋爲「天道本誠」可能無誤，意爲天道和誠原本爲一，那麼說「誠」是「道體」也就可以接受。不過「道體」是富含哲學意味的名辭，如果換一個通俗些的說法，或者可以說「誠」是「天道精神」。「誠」代表天道的核心，然後見出天道作用（道用）的現象，造物便是天道的最高成就。易繫辭下第一章中有句爲「天地之大德曰生。」便是說天地生物爲最高的成就，正含著「誠」的意旨。

㈥中庸「原編」這一章下文是「誠之者，人之道也。」把四句話連在一起看，可以確定「天道」和「人道」有不同之處，即是「天道是誠者」，含著天道「本誠」的意思；而「人道」則是「誠之者」，中間所加的這個「之」字，詮者認爲大有講究，即如朱注所說：「誠之者未能眞實無妄，而欲其眞實無妄之謂，人事之當然也。」如果就此嚴格區分天道爲誠者，人道爲誠之者，將二者分別解釋，便不會滋生疑義，但是在同章下文中：「誠者，不勉而中，：：聖人也。」固然可以解釋爲「聖人與天道爲一」，然而聖人也是人，與「道本體」究竟有別。這一章把天道和人道並舉，「誠者」和「誠之者」的分別便不十分明白了。因此詮者對這一章的處理是：「誠者，天之道也」列在「天道之中」，視之爲全屬天道。而後加入下文再列入「人道」之中，以示人道與天道有別，同時見出在人之中，聖人是誠者，不勉而中；其餘的人則是「誠之者」，需要擇善固執。對原編不作武斷執一的割裂，以免誤解先哲本意。重複之處，在於用「誠者」兼詮天道和聖人，以貫穿天道、聖人、人道和人的修身之道。

誠者，自成也；而道，自道也。誠者，物之終始；不誠，無物。（二十五）

釋

天道既然是誠者，本身即是存在（Being），即所謂之自本自根，所以充實完滿。精神和原理原則自以為用，由誠而生物，而成物，涵蓋萬物。如果天道沒有誠的精神，就不會生成萬物。

詮

㈠截取了上文兩句之後，接這一段文字，意義便比較明白，可以完全就天道來了解。

㈡「誠者，自成也。」是就「誠」字的本意而言，是本身已經「成就」了；也可以說誠者本是完滿充實，即是常說的「自本自根」，即是「最初的存在」**(Being)**，正是「道」的本義。

㈢「道，自道也。」朱注以爲「道以理言用」，是從人道著眼。若還從天道解釋，則是在完滿充實的道體之中，含蘊著一切生物成物、消長榮枯的道理法則和秩序。道與誠無二致，所以接著說「誠者，物之終始；不誠，無物。」印證前文「誠者，天之道也。」便十分明白。

㈣因爲前文中有「誠者，……聖人也。」在「不誠，無物。」之下，有一句「是故君子誠之爲貴。」把聖人視爲和天道齊一的「誠者」，有造化的功能，是先哲的一個信念。不過典籍中屢見不鮮的是，聖人極爲稀少，只有遠古的若干發明家和堯舜等聖王可以比擬。似乎這些人之「聖」，天生便是如此，見於「後天的作爲」，不待「修習」。至於君子，則要靠後天修身以立道，可見君子並非先已具有完滿充實的誠，自然和聖人不能同日而語，可以說君子需要「致誠」，由

「致誠」達到「眞實無僞」的境地，才能算是「誠者」，而這樣的誠者。是依循人道而成的，應在人道中解釋，以見與天道之誠本質上有別。如此把「誠者，自成也。」和「誠者，物之終始；不誠，無物。」視爲對天道的解釋，易於連貫。

自誠明，謂之性；自明誠，謂之教。誠則明矣，明則誠矣。

（二十一）

釋

人根據所稟賦的天道之誠而達到明白道理的地步，是人性的特質。由明白道理而致，即作到誠實無欺的地步就是教育，所以誠實不欺就能達到明白道理的地步，明白了道理就會誠實不欺。

詮

㈠「自誠明」至「明則誠矣。」可看作是對首章前三句的總結。有了中間以誠爲天道的界定，和人是由道而生，遵道而長，以至修習人道而需要教育，再加以確定，重新貫穿天道、人道和教育；同時指出教育—修人道的歷程和天道「一線相連」，原始返終。

㈡正確的說，這一則應該放在人道之中。因爲照人道本乎天道的信念，天道本著誠而顯示於現象，即是「自誠而明」；人道也是要在「致誠」之中，明白人道，以推衍到天道，只是要自用一番工夫而已。這個歷程和道理，就在天道「生人」之中，所以還是以天道爲本。由明白這番道理而致誠，而達到誠的境界，是教育的功能，則可以說：教育的必須，也是原自天道生人的根本，由此可以找出教育的形上根原；同時也確定了教育的最高原理，即是由眞實無妄而得明白道理；明白了道理則可以作到眞實無妄。或者說：由誠而明是天道；由明而誠是教育。教育是人的事，卻在天道之中。

㈢中庸爲什麼說「自明誠，謂之教。」先反過來看，如果有所不明，便不會達到誠的境地。完全是就人而說的。然則人所要明白的是什麼呢？簡單的說，就是「先要」明白「誠」的意義和道理。「誠」是眞實無妄，恆久如一，已經一再說過了，但是印證現象以推衍其中的道理，徹底明白，卻不是人人與生俱來的本領，只有聖人例外。

現象即宇宙現象或自然現象，人人都能看到感到，卻所說不同；更非人人都肯從而運用思考，以了解現象背後的道理，以至這道理和人的關係，即如易繫辭上第五章所說：「一陰一陽之謂道，繼之者善也，成之者性也。仁者見之謂之仁，知者見之謂之知，百姓日用而不知，故君子之道鮮矣。」或者可以說，人容或明白誠的意義，卻未必明白誠的道理；更不明白人道是依循天道，要先致誠以成己，然後才能成物，故而致誠是修人道所必須。

「其次」要明白的是，「誠」在人來說，必須「言行相符」；而多數人卻表現出「言不顧行，行不顧言。」有人甚至「口道堯舜，行同盜跖。」和誠恰好相反。「不誠」則不合人道，不合人道便難以生存於人群之中。「不誠」當然也不合天道，不合天道便難以生存於天地之間。

如是確實把握誠的眞諦和道理，稱爲明。明白而又作到眞實無妄，始終如一，需要有導引、啓發、鼓勵和督促，就是教，也就是需要教。

㈣把這則放在天道裡，和把開章三句放在天道裡是同樣的意思，可以把「天命之謂性」和「自誠明謂之性」相參照，以至高至上、最根本的道涵蓋人道，因成天道一體的概念。

故至誠無息；不息則久。久則徵，徵則悠遠，悠遠則博厚，博厚則高明。博厚所以載物也，高明所以覆物也，悠久所以成物也。博厚配地，高明配天，悠久無疆。如此者，不見者章，不動而變，無為而成。（二十六）

釋

天道從不停止，不停止則長久。長久則有徵驗，有徵驗則及於無盡的空間，無限空間則寬廣深厚。寬廣深厚就能崇高光明。寬廣深厚能夠負荷萬物，崇高光明能夠覆育萬物，綿長久遠能夠化成萬物。博厚猶如地，高明猶如天，悠久猶如無限的空間和時間。像這樣，不必現示就明顯，不必動作就能改變，不必施爲就可以有所成就。

詮

㈠前第二則已經說明「誠者」是天之道，詮釋「誠」字為崇高眞實；並從「誠者」和「誠之者」區分天道和人道。天道之「誠」與「道」為一，是宇宙本體。而本體概念在哲學中最有力的一派主張是：本體是最初的「開始」而「無終」，無終從時間說是「永恆」，從空間說是「無限」，宇宙中一切消長變化，盡在其包羅之中。中庸這一則對「誠」的描述，恰合這一派的主張。

㈡本則對天道之誠又加了一個形容辭，稱為「至誠」。就天道的「道」和「誠」說，本已是「至高無上」，「至遠無極」，「至久無息」，包括時間的長度，空間的廣袤和高度。這一則更增加了「深度」，是中庸的一個特色，也是先哲的觀點，上窮碧落下黃泉，想到了目所不能及的地表深處，可能也是「道」、「天道」和「天地之道」通義的原因。

㈢把宇宙根原歸諸於至誠的道，中庸出現了「論」「孟」之後，首見的本體論。以至誠為道體，不同於西方哲學的唯物論或唯心論。對時間、空間和萬物生化的描述，當然原自於感官接受的現象，卻不把「經驗」視作根原。就經驗而推想，也不徑自承認「理性」爲至高無上，卻用「誠」來作根本。「誠」是精神，統攝一切，而又變化莫測。這個觀點，應該說是物質文明進步到相當程度之後，昇華到「人文」境界的思想結晶。

㈣後世稱儒家「尊天」，「天」當然不是指自然之天而言，乃是自然之天背後憑依的精神。正確的說，儒家所尊崇的是「天道」或「道」，是自然之天所顯示的抽象道理和法則，統括在一個「精神體」之中。不過儒家對造物的神奇，懷著虔敬之心；可是也並未把造物當作完美無缺，中庸原編第十二章有句說：「天地之大也，人猶有所憾。」是說現象還有不盡如人意之處（見後文），一方面存著「不求全責備」的態度；一方面給人留下「創造」和「改善」的願望。把「未盡」的責任交付給人，在全人類方面說，是對「人」的期許；在每個人方面說，都要努力不懈。把人和天貫穿起來，把物質統攝於精神之中，重點還是在人身上。

天地之道，可一言而盡也：「其為物不貳，則其生物不測。」天地之道：博也，厚也，高也，明也，悠也，久也。今夫天，斯昭昭之多，及其無窮也，日月星辰繫焉，萬物覆焉。今夫地，一撮土之多；及其廣厚，載華嶽而不重，振河海而不洩，萬物載焉。今夫山，一卷石之多，及其廣大，草木生之，禽獸居之，寶藏興焉。今夫水，一勺之多，及其不測，黿鼉蛟龍魚鱉生焉，貨財殖焉。詩云：「維天之命，於穆不己。」蓋曰天之所以為天也。「於乎不顯，文王之德之純。」蓋曰文王之所以為文也，純亦不己。

（二十六）

釋

天地之道，可以用一個字說盡，就是誠。因爲誠實如一，所以生物變化莫測。天地之道就是：廣博、深厚、崇高、光明、悠遠、長久。就天來說，不過一線之光，擴大到沒有際限時，可以達到無窮的境地，日月星辰全懸在上面，萬物都在其覆育之下。就地來說，不過是些許土粒，累積到寬廣厚實時，載負高山峻嶺而不嫌其重，支撑河流海洋也不會洩漏，萬物都承載於上面。就山來說，不過是拳頭大的石頭，堆積得寬大了，草木生長在上面、禽獸棲息在上面、寶藏也蘊藏在裡面。就水來說，不過只是一掬，積聚到深不可測時，大黿、蛟、龍、魚、鼈，都在其中生長，水產財貨得以繁殖。詩經說：「天命深遠！」就是說天之所以爲天。又說「不明顯，是文王的道德純一！」也就是說文王之所以爲文，其純也永遠如一。

詮

㈠這一則接上則之後，爲中庸原編第二十六章，是脈絡最清楚的一章。在闡釋了「至誠」之後，重新詳細描述至誠的現象，並確定至誠或誠就是天地之道。

㈡先說「天地之道，可一言而盡也。」「一言」當作「一個字」解：「言」字甲骨文與「音」字同義，如用口吹簫，發出一個音即爲一言；後世作「量辭」用，如史記「老莊」列傳中說：「……於是老子乃著書上下篇，言道德之意五千餘言……」；又詩有「七言律詩」和「五言絕句」之名，「言」即「字」。據此「可一言而盡」即是「可以用一個字說清楚」的意思。這個字就是「誠」字。

㈢「誠」是「執一不二」，經久不息，無遠弗屆，高明博厚，生物變化，也就神奇莫測。也就是說，從現象界所顯示的萬物雜陳，或者可以觀察到某些變化的跡象，卻很難明白變化的全部道理。中庸原編第十二章中有句爲「雖聖人亦有所不知焉，……亦有所不能焉。」（見後文）足資參照。

㈣承接上文的「至誠無息」，推衍出久、徵、悠遠、博厚、高明。如果說這些是「至誠」的「表德」，其功能則是載物、覆物、成物；再分別指實爲自然現象的地、天和時間範疇。在這些功能的作用中，宇宙萬物於焉呈現。把這些總括於天地之道，由天象所見，原自於一線光亮，積而爲無際的天空，日月星辰繫列其中，萬物受其覆育。由地理所知，原本是一些塵土，累積到寬廣深厚，可以承載高山峻陵，海洋河川以及萬物。再分別從山水來看，蘊蓄著寶藏和生物；滋生出種種水產，雖然沒有明言，已經可以領悟到是滋養人的資源。從人的立場說，不能不覺得神奇，也不能不心存感激並滿足。

㈤「維天之命，於穆不已。」和「於乎不顯，文王之德之純。」是詩經「周頌清廟」裡的句子，全文在上四句之下，還有「假以溢我，我其收之，駿惠我文王，曾孫篤之。」周頌清廟是周朝建國後祭祖時歌唱的詩句。全文大致的意思是：天道的安排（天命），行久不斷，文王的德光，純正不亂。無論用什麼美德傳給我，我都願意承受。光大的文王遺澤，綿延後代子孫。

周朝自武王建國之後，周公輔政，秉持著感謝天恩祖德的觀念，以仁政治天下。對文王的尊崇，和尊崇天道一般；因爲由於文王之德，諸侯賓服，史載有三分之二的諸侯服膺文王，不再聽從商紂號令，促成武王伐紂成功，取得統治天下的地位。所以周代有「敬天法祖」的傳統，施行禮樂教化來作育百姓，猶如天道生物一般。中庸原編此章之下一章（二十七章）有「苟不至德，至道不凝焉。」之句，即是以聖人之德比擬天德的意思。（見後文）儒家向來稱堯舜禹湯文武周公爲聖王或聖人。

入道

魯先華　釋

（率性之謂道）。道也者，不可須臾離也；可離，非道也。（一）

釋

導引人性潛能的發展是為人道。道是不可以片刻離開的，可離開的就不是道了。

詮

㈠「率性之謂道」本已列在天道之中，旨在貫穿天道與人道。實際上這一句乃是人道的開端，此處重列，置入括號中，以便開啓人道。

㈡人道之「誠」除聖人有與天道齊一的至誠外，其餘都未具有完備的誠，要自行修習，減少不誠；同時人道之「道」也不是自本自根的「道」，是「致誠」之「道」。天道充塞於天地之間，無處不在，如此說不免有「泛道論」的色彩，但中庸所說的天道確乎如此。相對的，就可以說，人和人道的「道」也不能分離，必須「如影隨形」，時刻不離，即是時刻不能忘記「致誠」。反之，若稍有「不誠」，便不合人道，當然也不合天道。

㈢「人道」何以要確定在「率性」上？又不能片刻離開，需要分析一下。

先從天道生物，萬物並陳來看，對萬物的分類，先是有無生物和生物之別。在有生命的物類中，又有人、禽、獸、蟲、魚等等。人類之外的物類，似乎都在「命定」之下，各有以生。或者說是各依本能而生活，不會出現超出本能之外的動作或表現。宛如限定在「自然法則」之內，不會「創新」而有異乎「尋常」（同類的共相）之處，所以只有「適應」而沒有「創造」。

人這一類卻不同，雖然也命定的有人類的共相，卻也有許多「別相」，人各不同。其最有差別的是「個性」的突出表現，有些人表現的既不合人道，又不合天道。追根究柢，一是人性中有「知」的能力；二是人有「自作主張」的能力。知的能力需要啓發導引才能發揮作用；自作主張的能力需要指導校正，才能不失正道。兩者又互相爲用。

㈣把知的能力發揮出來既然需要啓發導引，顯然是不能由內而外的自發自動，而是要藉重外力。然而要外力發生效果，也要人本身能夠接受啓發導引，此時自作主張的「自主力」可能發生影響，即是如果順理成章的接受，「人性」自會發展出來，表現「眞實無妄」；但是如果不接受啓發導引，沒有眞實無妄，則虛、僞、詐、狡便容易出現。也可以說人性中生而既有和其他物類不同的一種性質，自作主張可超越道理和原則，違反了人道和天道。

㈤依上文說，似乎有了人性「可善可惡」的傾向。性善性惡是爭論了很久的問題，但是孔子並未涉入其中，只在論語裡有「性相近也，習相遠也。」兩句話，依此則可拋開性善惡不論，只從「率性」著眼，啓發導引人性遵人道而合天道在習染，不必作難得定論的人性善惡之爭。而且從導引人性遵從人道來說，也隱含著人性若不經導引，便不是「道」；引申下去，便是不合人道天道；若再繼續推衍，即使不牽扯到「性善性惡」，也會生出「善惡」問題，那就離題太遠了。

㈥若視「誠」爲道體精神，天道本誠已經詮釋過了，而人是「誠之者」，因而要致誠。縱使以爲人稟天道而生，也有「誠」的成分，也不是自出生就能表現的。因爲嬰兒並不知道誠爲何物。不過有些跡象顯示，嬰兒飢餓時口吻接觸到有乳汁的乳頭，則滿意的吸吮；若以手指替代，則啼哭而拒絕，是對「眞實」和

「虛妄」的初步反應。稍有知識以後，人以眞實的方式相待，則喜而接受，若用虛妄方式，便掉頭不顧。馴至成人相處，都樂於別人誠懇待己，而厭惡虛妄以至欺騙。由此可以證明人對誠的「傾向」，視之爲先天既有的，或者不謬。下文足爲明證。

㈦人固然有自作主張的能力，卻不能完全離開別人而生存。生存在生命歷程中無片刻止息，也就片刻離不開道。人生存在道中，於此可見。

（誠者，天之道也），誠之者，人之道也。誠者，不勉而中，不思而得，從容中道，聖人也！誠之者，擇善而固執之者也。（二十）

釋

誠是永久不變、無偏無私、堅持到底的精神力量，是天道的核心，因爲這種精神是一貫、普遍而永久的，是生物的原理原則，故稱之爲天道；天道本誠，但人道卻不是完滿充實的誠，故須自行努力，以作到純粹的誠，以便和天道之誠相牟。作到這個地步，便成了如天道般的「誠者」。如此便能夠無須勉強即與誠相合，不須思慮即做到誠，自然而然的與天道之誠契合，就是聖人。至於要努力致誠者，則是擇善而堅持不變的。

詮

㈠「誠者、天之道也。」已列入天道之中。此處重列，置於括號中，因爲必須重列才能與下文銜接。

㈡在天道中曾就著「誠者、天之道也。」順便對「誠之者、人之道也。」加了一些詮釋，認爲「誠之」，是人要加上自己的工夫，作到眞實無妄的地步，即是「致誠」。

㈢就人道說，這一則無形中舉出了兩種人：一是聖人；一是衆人，即平常人。儒家把聖人視爲人中最傑出者，雖然並未明言聖人是否出自天生，卻舉出許多聖人的性格、道德、智慧和作爲，視爲有「與天齊一」的品質和成就，這一則在「誠之著、人之道也。」之下，所描述的「誠者」，顯然是指「人中的誠者」，和天道的誠者「自成」、「物之終始」有別。這裡所說的「不勉而中」、「不思而得」已經不是由「致」而來；「從容中道」更與「自成」和「自道」相合，總結爲「聖人也」更明白確定。詮者以爲這是中庸開啓人道通天道、人道合天道的意旨，指示人中有通天道、合天道的聖人，可說是人中的「誠者」，溝通了天和人，替二者架起了橋樑。同時也把「率性」的任務，放在了聖人身上。至於眾人，得到聖人的啓發指引，才能擇善固執，努力致誠而不懈。

㈣中國先哲從開始就在宇宙萬物之中，賦予人最高的地位。尙書泰誓中說：「惟天地萬物父母，惟人萬物之靈。」可以說人在盱衡萬物之後，已經「自命不凡」了。又周易繫辭中列述自伏羲之後，創造文明和文化的聖王和聖人，推崇備至，見出這些先知先覺者的「不同凡響」，視之爲有與天（或道）齊一的能力；而這些人的成就，就建基在「誠」的精神上，所以賦予了聖人的稱號，有天一般的高明、博厚和悠久。

唯天下至誠，為能盡其性；能盡其性，則能盡人之性；能盡人之性，則能盡物之性；能盡物之性，則可以贊天地之化育；能贊天地之化育，則可以與天地參矣。（二十二）

釋

天下只有達到至誠之人，才能發展其本性；能完全發展本性，就能發展眾人之人性；能發展人性，就能發展萬物之物性；能發展物性，就可以贊助天地之化育功能；能贊助天地化育之功能，就可以與天地並列爲三了。

詮

㈠這一則從「唯天下至誠」開始，和天道中「故至誠無息」的說法不同，從字面的「天下」二字可以窺知其意，是就著聖人的「誠者」再推上一步，而到了人中之「至誠」，有和天道至誠類似的精神，但功能和作用卻有了分別。

㈡人之「至誠者」照對天道至誠的描述推衍，可以說其本身已經完滿充實，已經「成就」了自己，即是已經自行表現發展完成了，也就是完全具備了人性之「實」（精華），自然不需要導引啓發，也不需要再努力致誠。

㈢本性充實完備而達到至誠程度的人，有如天道般至誠的功能。天道功能在化育萬物；人道功能則在化育眾人。化育眾人在於明白眾人之性。人和其他的物同出於天道而類不同。人物並生，物爲人用而人又要蓄物惜物；所以明白人性之後，才能明白物性。對人性物性全部明白之後，更見出由誠而明，由明而誠的道理，知道了天地化育萬物的種種，由此也知道了自己（聖人）的責任，雖然不必似天地般的生物成物，卻能參贊天地的化育。

㈣所謂「贊天地之化育」，就是用人工助長造化。在這方面人所能爲力的很多；在萬物中也只有人有這種能力。

實際上，聖人贊天地化育，最初是就著自然之物，改良製造，以便利人的生活。要注意的是，便利人的生活不是爲求「一己」之利，而是普遍的求利於眾人（極致是全人類）。從周易繫辭第二章可見：

包犧氏「始作八卦，以通神明之德，以類萬物之情。」是對自然現象的了解，也是文字符號和數理的起源，開啓了人類對人和物的知識。

「作結繩而爲罔罟，以佃以漁。」開啓了以漁獵爲生的途徑。

神農氏「斲木爲耜，揉木爲耒，耒耨之利，以教天下。」開始製造出農具，開啓了農耕生活。

「日中爲市，致天下之民，聚天下之貨，交易而退，各得其所。」創始了商業交易的方式。

黃帝堯舜「通其變，使民不倦；神而化之，使民宜之。……垂衣裳而天下治。」創始了政治體制。

「刳木爲舟，剡木爲楫，舟楫之利，以濟不通，致遠以利天下。」製造出水路交通工具，打破了河川阻止行路的限制。

「服牛乘馬，引重致遠，以利天下。」發明利用牲畜，以彌補人力的不足。

「重門擊柝，以待暴客。」建立了維護治安的方式。

「斷木爲杵，掘地爲臼。杵臼之利，萬民以濟。」發明了變稻穀爲米的工具，是食物的一大進步。

「弦木爲弧，剡木爲矢，弧矢之利，以威天下。」發明了國防的器具或武器。此外更有宮室（住）、喪葬等的發明，以至由結繩而書契，生活必需的器物和制度逐漸完備。這些成就卻是爲了眾人的福利而出現的。利用自然，加上人爲，自然是贊天地之化育，而造福人類。

㈤中庸推崇天道以至誠生物成物，是從積極的一面著眼；說聖人的至誠贊天地之化育，也是從積極方面看。對於現象變化中對人和物不利的一面，卻並無說法，只在原編第十二章中說了「天地之大也，人猶有所憾。」和「雖聖人亦有所不知焉，……不能焉。」或者可以解釋爲古代文化，自有其時代表徵，其時後世的發明和創造尚未出現，想不到人對自然有目前所見的破壞力。不過若照中庸的觀點說，現代發明和創造的後遺症，只能說「有知而未盡明」，不可以目之爲「聖人之行」而已，當然也不能與天地「參」了。

其次致曲，曲能有誠；誠則形，形則著，著則明，明則動，動則變，變則化；唯天下至誠為能化。（二十三）

釋

次於至誠的人，則要致力於未周全之處。做到這一步，則能達到眞實無妄的誠；能眞誠無妄就會表現於外，表現在外就顯著，能顯著就彰明，彰明就會動作，發動就會有變易，有變易就可以化生萬物；只有達到至誠才能化育萬物。（李）

詮

㈠其次的「次」字應是指「次於至誠」的，即是還未達到完滿充實的誠；也就是「眞實無妄」還有不足之處。

㈡「曲」字字義有三解，其一是「與直相對」。如果把「誠」看作是「正道」，也就是「直道」，和直道相反的便是「曲」了，也就等於「不誠」。其二是「曲」指「幽深」，在人則指「內心深處」。和西方心理學所說的「下意識」或「潛意識」相近。在平常人可能如世俗所說的，是「不經意處」。如果心中有這種狀況，便是「誠」還未達到「極致」，也是不能不深入體會的。其三是「曲」指「細微」，細微處仍然存在著不誠，當然不算「純粹」。依「誠」字說要免除這三種狀況，便要再用些工夫，以求完美無缺。

㈢前文所說的「誠者」是聖人，「誠之者」爲「眾人」，然後又說到「至誠」，還是聖人之列。此則似乎在聖人之下，又加了一種僅次於聖人之誠的人。這種人的誠不似聖人能不勉而中，不思而得，從容中道，因爲還有「些微不足」之處，要自行發掘出來，小心矯正或免除。做到了也可以達到至誠的境地。由此也可以推想這種人雖然不能和聖人等量齊觀，卻還遠超出眾人之上，所以中庸原編就在「唯天下至誠」一章之次。朱注以爲是「通大賢以下，凡誠有未至者而言，」自是的見。

㈣由「致曲」而「誠」的人，則能「形、著、明、動、變、化。」歸結爲「唯天下至誠爲能化。」和「本就」至誠的比較，如前則所說，是「可以贊天地之化育」、「與天地參」，此則只是「能化」。朱注說由致曲「積而至於能化，則其至誠之妙，亦不異於聖人矣。」還是承認二者有差別。若從「率性之謂道」來看，由致曲而達到至誠的，先是已經合了道的，至少在對別人的率性工作上，也可發生作用。也就是說，可能達不到贊天地化育的境地，卻能在「化人」方面，有其作爲。如此說，一則可以解釋「聖」與「賢」都是人的典範，而聖人不多見，賢人尚可求，給率性工作開拓了較廣的道路，未始不是教育値得樂觀的一個線索，也爲建立人道更增加了希望和信心。

至誠之道，可以前知：國家將興，必有禎祥；國家將亡，必有妖孽；見乎蓍龜，動乎四體。禍福將至，善，必先知之；不善，必先知之；故至誠如神。（二十四）

釋

人道達到至誠境地，有預知的能力：國家將要興盛，必有吉祥徵兆；國家將要敗亡，必有怪異反常的事物出現；這些現象顯現在卜筮上，表現在肢體舉動之間。禍福將要來臨時，如果是福，必可預知；如果是禍，也可預知；所以至誠即如神明一般。

詮

㈠「至誠」的境界，神智敏銳，思慮清明，處在純客觀的立場，既不忽略微末細節，更有宏觀的遠見，能夠見微知著。如是可以從一些吉祥的現象，判斷是國家將會興盛的徵兆。另從一些反常乖張的表現，也可判斷是國家將會衰亡的預兆。興亡的先兆，可以從卜筮見到跡象，也可從人的體態舉動預測推知。

㈡從「易經」（周易之前，用易卜筮已經流行，尤其對政事舉措，往往在實行之前，先占卜吉凶。）出現後，即常用卜筮吉凶，決定行止。「左傳莊公二十二年」便記載「周史知陳大於齊」。所載約略如下：

陳國一位大夫懿氏想把女兒嫁給陳國公子完（字敬仲），占卜得到吉卦，解釋卦辭是：「鳳凰于飛，和鳴鏘鏘，有嬀（陳國爲嬀姓）之後，將育于姜。五世其昌，並于正卿。八世之後，莫之于京。」照卦象說，敬仲將會有諸侯之位，但不在本國，也不在其本身，應落在其他的國家，即是齊國，齊國是姜氏（姜太公）的後代。後來陳國衰亡，敬仲的五世孫陳桓子先在齊國興盛起來，其八世孫陳成子在齊專政，顯示卜筮頗爲靈驗。

㈢孔子作春秋褒王道正道，尊重德性，反此則違背正道，福與禍即依正邪判斷，左傳記載的頗多。如「哀公三十年」載「子產料陳必亡」，大致說鄭子產到陳國涖盟，就所見到的狀況，回來告訴人說：陳國將會滅亡。因爲陳國靠修繕城郭，聚集糧食來保衛國家，卻不安撫人民；國君意志不堅，貴族奢侈，太子（預定的國君繼位者）卑怯，大夫（官員）驕傲，政權分散，而又介於大國之間，大概不出十年便會亡國。這話後來果然應驗。

㈣「左傳定公十五年」載「子貢視執玉」大致說：

邾隱公來朝見魯定公，子貢去觀禮，看到邾子把玉奉獻給魯公時，手舉得過高，成了仰視的姿勢；魯公接玉時，上身低俯，成了卑下的姿勢，因而說：兩位諸侯都有了死亡的象徵。因爲「禮本是死生存亡之體」，左右周旋，進退俯仰，都要合度。兩君在正月相會卻都不合度，是心已經死了。就體象說，高仰表示驕傲，驕傲近乎亂；低俯表示衰頹，衰頹近乎病。魯君是主人，可能死在前頭。這一年五月，魯定公便死了。孔子也說子貢「不幸而言中。」

㈤「左傳哀公六年」載「楚昭王不禜（音ㄩㄥˇ，意爲禳除）災越望」，大致是：

這一年楚國有雲，形狀像紅色的鳥，在太陽左右飛過，連續三天不斷。楚王使人問周王室的太史（主卜筮的官）主何吉凶。太史說其象應在王本身，若用祭祀祈禳，則可轉移到大臣身上去。楚王說，「把心腹之患（喻本身）轉移到肢體（股肱，喻大臣）上去，有什麼好處？如果我沒有大過惡，上天必不會叫我夭折；若我有罪受罰，又怎能轉移呢！」因而不肯祈禳。後來昭王有病，開始時太史占卜，說是河神為祟，昭王不肯祭禱。楚國大夫請昭王允許在郊外設河神之位，以便祭禱。昭王說：三代先王命令諸侯祭祀的典禮，不超越國界，（河不在楚國界內）即使我是個不道德的國君，也不會得罪到河神頭上去，仍然不允。

孔子對這件事說：楚昭王明白「大道」，所以能夠免於國家敗亡！

㈥福善禍淫，無論對國家或是對個人，都在人的作為上有因果關係，不必視之為「迷信」。道不遠人，人的行為和道理分不開。用最切近的例子說，人必須用食物維持生命，然而「暴飲暴食」則足以致病，以致促短了生命，是由自取，而無關其他因素。明白這個淺近的道理，可以推而廣之，知道更廣大幽微之處。

是故君子誠之為貴。誠者，非自成己而已也，所以成物也。成己，仁也；成物，知也；性之德也，合外內之道也，故時措之宜也。（二十五）

釋

所以君子以誠爲貴。誠並不是成就自己就完了，還要成就物。成就自己是仁，成就萬物是智；仁和智是人性之成就，是結合內（人）和外（天）道（法則），所以時時施行都是合宜的。

詮

㈠「是故君子誠之爲貴」本在中庸原編第二十五章「誠者自成也，……物之終始，不誠無物。」之下。前文把「誠者自成」解釋爲「誠者本身即已完成」，而視之爲「天道本誠」，置入天道之中，是詮者管窺之見，意在求把天道和人道的界定劃分清楚。但是這一句卻轉到人道方面來，接下文看，顯然是在說人道，而且涉及到「成物」。「成人成物」原在天道，只有聖人有類似天道的功能，而此處所說的竟是「君子」。

㈡「君子誠之爲貴」的「君子」，似乎是在至誠的聖人和次於至誠的「致曲者」（可能指賢人）之下的，知道「誠」的價值而有志致誠者，其「誠」的境地已「卓然有成」，也合乎「誠者自成也。」的意思，但應是人道中的「自我完成」，不是天道的「本成」。照此解釋，「是故君子誠之爲貴」便可移來承接上則「至誠之道」，可能曲解先哲，姑留之以待高明訂正。

㈢如果說人中的君子由致誠而成爲「誠者」，便是已經完成了自己的人，也就是由率性而有道的人。但是君子的任務並不止於此，還要進一步來做「成物」的工作。「成物」是成就外在事務，是對外的作爲。這項作爲，可能不如聖人之「贊天地之化育」，卻可能遵道而行，仍然有補於化育工作。

㈣「成己」是「合理的愛」，即「仁」；「成物」是「明徹的知」，即「智」。是發揮了人性而得的「成就」，即是「德」，把道體道用合而爲一，故而隨時隨地都是適宜的。到了這個地步，也可以說是接近不勉而中，不思而得，從容中道的境地了。

㈤「君子」在論語中，是孔子一再稱道的人。細窺孔子之意，似乎「君子」就是「人的典範」。其所以如此主張，可能因爲聖人有不可企及之處，而且孔子就自謙「若聖與仁，則吾豈敢。」那麼後學之人，不必好高務遠，妄自以爲可以躋於聖人之列；但是卻可以立志作君子。君子沒有聖人之優厚的稟賦，但卻可以自強不息的由致誠而成爲人中之誠者。若把「成物」引申到「成人」（成就別人）上來，更符合教育的意義。

喜怒哀樂之未發，謂之中；發而皆中節，謂之和。中也者，天下之大本也，和也者，天下之達道也。致中和，天地位焉，萬物育焉。（一）

釋

人的喜怒哀樂等情感未發動作用時，叫做中；表現出來而得當者，叫做和。

中是天下萬物的根本，和是通行天下的大道。達到中和的境地，則天地不失其位，萬物各遂其生。

詮

㈠人有與生俱來的情感，禮記樂記中說：「何謂七情？喜怒哀懼愛惡欲，七者不學而能。」不待學而能，就是生而本有的。此後儒家常說，情生於性，即是以性爲人的根本，性定情即在其中。荀子常常把性情二字連用，即是二者不能截然劃分。

中庸只說到「喜怒哀樂」四者，可能是因這四者表現出來時，特別明顯。說「喜怒哀樂之未發，謂之中。」即是未發生作用而表現時，只是蘊含在內，是「本然」的狀況，存在於人性之中。

西方心理學對情感情緒的理論和研究相當多，也認爲情感情緒與生俱來，稱之爲「基本情感」。笛卡爾(R. Descarles, 1596-1650)、斯賓諾沙(B. Spinoza, 1632-1677)、霍布士(T. Hobbes, 1588-1679)即舉出了六至七種基本情感；後來達爾文(C. Darwin, 1809-1882)研究動物和人都有三種基本情感，即是愛、惡、懼。愛中自有喜樂的成分，惡可能成爲怒，懼中也可能有哀的成分。

㈡情感存在於人性之中，受到刺激才發生作用，禮記樂記中說：「人生而靜，天之性也；感於物而動，性之欲也。」強調外在物質誘惑，引起物欲。「欲」既然是七情之一，和其他情感相同，要有刺激才發動。如果不曾發動，便是「靜」的狀況，類似本則所說的「中」。

情感發動或作用，身體狀況發生變化，由靜而變成「動」。所謂之「動」，就本身來說，程度不同：輕微的只是「感」（感覺），如喜悅或微慍；若表現在面部，便是「欣然色喜」或「面帶不悅」；強烈的則成了「興奮」或「憤怒」，不但表情明顯，甚至伴合著肢體動作，如手舞足蹈，或拍案而起，奮以老拳。在與人相處的情境中，「無動於衷」（沒有表現）固然顯得冷漠；過於激烈也會使人驚愕詫異，一則表現其人缺乏修養；一則可能傷害到對方。所以人道就要在導引人性時，要使情感作用適如其分，以免過或不及。那麼就要自己控制情感作用。

㈢情感作用適中，對本身說，一則可免生理受到傷害，不致因狂喜暴怒影響內分泌的常度，甚至傷及內臟和循環系統；一則可使心情穩定，不致起伏無常，同樣和健康有關。對所與交往或面對的人說，免於使別人不知所措；更免於傷害到別人，所以說是「和」。

㈣人類必須營群居生活，時時都不免與別人接觸，又因爲生活的必須，不免「有求於人」，需要別人的協助，因此也要幫助別人，使「取」和「予」平衡，把別人和自己放在平等的地位上，才是公平。而人我相處之道，「和」則易處而相悅，情感作用便成了關鍵性的因素。我國先哲早就看到了這一點，把情感作用看作人道的基石。如果不曾徹底了解了人和人的心理，不會作出這樣的論點。於是提出「治人之情」之道，便是從「人情」出發的。

㈤以「中」爲「天下之大本」，以「和」爲「天下之達道」，「天下」所指的是由「人類爲主宰的世界」，包括自然現象在內。先哲觀念中有人的作爲，可以影響自然現象的看法，在書經裡可以明顯的看到。例如日昇月沉，四季更迭是天道的常態，有孕育萬物，使之春生夏長秋實冬藏的秩序。倘若人違反天道之常，便是「不經」，不經則可能招致迅雷急風、水旱不時的「災變」。因而以喜怒哀樂的蘊含爲中爲本，以發而皆中節爲和爲道，以「人本」確定「道體」（中）；以「人和」符應「道用」。人和即是通行於人類世界的大道，特別需要人用工夫來修持。「修持」便要持之以恆，不能片刻差跌，暗合著「誠」的精神。

㈥由「致中和」而使「天地位焉，萬物育焉。」是行人道以彰明天道。天道本就含著「天地位」、「萬物育」的道理和功能。但是若天道照常運行，原無異象。無如人的喜怒哀樂有發而不中節的可能，而干擾了天道之常。所以「人」這個「誠之者」必須有自行努力，調節喜怒哀樂，使之發而不失常，使人道與天道同處於和諧狀態，天地才不失其位，萬物也各得其生。

㈦這裡應該深究的是：喜怒哀樂未發之中，是人的天性之本然。既然本來就如此，何以還要「致中和」？因爲「致和」在求「發而皆中節」，要用工夫，已十分明白，但要和「中」一併來「致」，該如何解釋呢？

如果推衍喜怒哀樂之「中」的狀況，依其因「觸」而「發」的條件和程度說，若本就「完全正常」，發而「中節」的機率便會高些；否則不中節的可能性便會變大。也就是說，「在中」原本人盡相同，但狀況則人各不同。是人在共相之中的「別相」。用物理現象解釋，同樣的刺激落到結構（密度）不同的物體上，會發生不同的反應。例如用弓弦彈一團棉花，纖維會跳起來，若彈一疊棉布，便毫無反應。用來比擬喜怒哀樂在中的狀況，可以說有的會「一觸即發」；有的便不如是。換個方式說，在中的狀況「適中」，反應也就「正常」；否則便有「遲速強弱」之別。這樣的差別，可以用「致中」的工夫，使之處於或保持適當的狀況。

㈧進一步推衍，三代以下，特別是周代，制定了禮樂教化，以禮節情，以樂和情。樂就是「陶冶性情的工具，情發而中節是見於「外」的，「陶融內在」更是「治本」之道。內在適中，自然減少發而有過或不及之弊，這就是「中」也要「致」的道理；而且是「致」的根本。這一點將是修道的要旨。

「天下之達道五，所以行之者三。曰：君臣也，父子也，夫婦也，昆弟也，朋友之交也，五者，天下之達道也；知、仁、勇，三者，天下之達德也；所以行之者，一也。」「或生而知之，或學而知之，或困而知之，及其知之，一也。或安而行之，或利而行之，或勉強而行之，及其成功，一也。」（二十）

釋

「天下通暢的道路有五條，而所要作爲的則有三項。君臣、父子、夫婦、兄弟、朋友五者是天下的大道；而智、仁、勇三項是天下人皆可行而得的成就；實際要做的，卻只有一項，就是『誠』。」「此五條達道和三項達德，有人天生就知道，有人須經學習才知道，有人則須勤苦努力而後知道，達到了知道的地步，就完全一樣，有人可以泰然自若的做，有人有所爲而做，有人則須勉強的做，等做到以後，結果也完全一樣。」

詮

㈠就上文以「和」爲「天下之達道」，著重在對己待人方面所表現的喜怒哀樂都合度。推而廣之，即在於調節情緒，使其表現無過或不及。

這樣暢行無阻的達道，通向五種關係人，即君臣、父子、夫婦、兄弟、和朋友相互之間的交往。即是中華傳統所謂之五倫。是每個人都會有的，所以「達」字還含著「普遍」的意思。概括所有的人在生活中經常接觸的人。

正因爲經常接觸，就不免在接觸時觸發情感作用。根據經驗，如果對人的情感表現，過分冷淡或過分強烈，都會引起對方的不快，如果兩個人之間有過多的不快發生，勢必減低了相對的情誼，連帶影響交互活動，更影響到生活。因爲沒有人願意和使自己常常不快的人在一起。被人擯棄的人漸漸落到「孤獨」的狀況，是人所不願意有的。

試看五達道中除了君臣之外，父子兄弟由於血緣關係，天生的注定了親密之情。夫婦由婚姻而結合，更在終生互相廝守。朋友由於共同的觀點、興趣相契合而互通，而建立了情誼。這四者都含著必不可少的情感交流，情感表現的影響，自然十分明顯。

君臣一道，在帝制時代，兩者的關係是「君義臣忠」，是對等的關係。（後世說「君要臣死，臣不敢不死」乃是專制帝王敷衍出來的，並非君臣相對待的常道。）帝制消失後，可以用工作者和「任務」、或「主管」與「從屬人員」代替。

㈡要把這五種關係維持得適如其分，相互和諧共處，便要作到三項，即是「知道」、「自勉」和「勇敢」。知而完備透徹是「知」（等於智）；自尊自重、努力自求符合人道是「仁」（其中含著理性的自愛）；秉持道理，依道理而作或不作是勇。反之當作而不作或不當作而作，是不能克己，因而違反道理是可恥的，知道可恥而作該作或不作不該作的，需要克制自己的力量，所以是「勇」。做到這三項，則具備了普遍的道德，也就是有了成就。這三項都是要作的，作起來都要「一秉至誠」，沒有第二個法門。

㈢人之知的能力（即現在所謂之智力）有差別。「生而知之」不能說一生下來就知道，因爲初生的嬰兒所知有限。但也有人似乎「不待學而知」（不能嚴格的說完全「沒學過」，只是成人以爲沒有「正式」的教過而已），可能是這樣的人「洞悟」力強，能夠根據經驗觸類旁通；也能把零碎的經驗彙集歸類，這類作用顯示出「知」的廣泛宏達，猶如論語中孔子所說的「上智」。其次是經過學習而「知」的。「學習」這項活動，其特徵是必須由自己「專心一志」的作，沒有人能夠幫忙。自己專注於學習，也能達到明白透徹的知的境地。再一種人是智力「平庸」，不能「聞一知十」或是「過目成誦」，學習一樣事，必須一再反覆才能記得，必須苦苦思索才能明白。但若堅持不懈，也能達到知的境地。故而無論是通過那一種歷程而「知」，到了「知道」的境地，還是一樣。

㈣從「作爲」方面說，有人可能「知道」作爲的意義，「從容不迫」，似乎很順利的就做到了。有人有「先在的」目的（動機），在目的驅使下，也可以做到。有人可能沒有「理性」的指引，也沒有確定的目標吸引，只是「勉強」的做，做到最後，也可以完成。這三種作的條件和狀況不同，不過在做完了以後，可以有相同的成就。

㈤如果照「五達道」來解釋「知」和「行」的差別，「知」在於知道「君義臣忠、父慈子孝、夫義婦聽、兄友弟弟（此弟字同悌）、朋友有信。五者中的一個人和另一個人相對時，各依身分和關係而有對待的道理或方式，更有「先在」的情感；有時一個人可能身兼一種以上的身分（如為父者本身有父，同時也有子之類）。知道所面對的是什麼人，和對待的「常理常情」或方式，有的人「本」就知道；有的人要經過學習才知道；有的人則要努力學習才知道。歸結起來，都應該知道，因為這是生活中普遍而又「常常」遇到的情境。

「行」是要「做到」。做到可能比知道困難。因為有些人知道卻做不到。例如為父的對子女要「慈」，卻往往因為自己受情感激動（匆忙、煩惱、或憤怒時）而對子女表現出「不慈」（無故喝斥以至毆打）等等。這種情形若常常發生，便破壞了原有的關係。所以在行的方面，「勇」的克己工夫，和知與仁不可分。

這五種關係伴隨著人的一生，而且沒有一天不充斥在生活之中。是人道的基礎，也是人道的關鍵。天道所生的萬物並育而不相悖；人道的人群，自然也要和諧共處，才能群策群力，來贊天地之化育。

㈥人類特殊的稟賦，固然可以使「天地位」、「萬物育」，但是卻要先致力於本身（自己）的修道行道，也就是先要成就人道，才能助長天道。成就本身之道便在先使自己達到「中和」的地步，然後才能在「五達道」中，暢行無阻。關鍵在「先要修己」。儒家的精神就在此。（詳見後文「修道」）。

儒家的「五倫」，後世因解釋欠透徹，不曾強調「先從本身作起」，不曾先問自己的作為是否符合自己的身分和責任，竟一意的「先要求對方」，然後認為對方「不合己意」，反過來便成了自己「不守分」和「不負責」的藉口，是今天必須重新闡釋去惑的要點。

仲尼曰：「君子中庸，小人反中庸。君子之中庸也，君子而時中；小人之反中庸也，小人而無忌憚也。」（二）

釋

孔子說：「君子的作為合乎中庸之道，而小人的作爲則違反中庸之道。君子之所以合乎中庸，是因爲君子時時刻刻戒愼恐懼、不離其中。小人之所以違反中庸，是因爲小人無所忌憚。」

詮

㈠中庸的「庸」字，說文解同「用」。這個字義見尚書大禹謨：「無稽之言勿聽，弗詢之謀勿庸。」另一解釋爲「日常」或「平時」。作此義解的用法，見周易、乾卦，文言：「庸言之信，庸行之謹。」荀子不苟篇中也有「庸言必信之，庸行必愼之。」的說法。

㈡朱子取「中間」和「平常」的意思解釋「中庸」爲「不偏不倚，無過不及，而平常之理。……」從後文看，這個解釋相當確切。

㈢從中庸原編第一章「莫見乎隱，莫顯乎微，故君子愼其獨也。」和「喜怒哀樂……發而皆中節，謂之和。」來看，此則是說「君子日常居其中以爲用，情感作用時能自行隨時調節，不過分激烈，也不至於無動於衷，從內心的平衡，到表現出適度的喜怒哀樂，無論面對別人，或獨處時，全無二致，是君子一貫的持身狀態。至於小人的內心，並無平衡的穩定性，遇到刺激，或狂喜、暴怒，或因哀傷而「痛不欲生」，或因喜樂而「忘其所以」，因衝動而表現趨於極端，完全不合中庸之道。

㈣如果承認人膺天命而生，生而具有「人性」，則「人情」也是與生俱來的。人情因受到刺激而發生作用，是「情」本來的性質，情感作用或情感表現本不可免。人所能爲力的是，勿使情感作用或表現過或不及，以保持人的靈性，以使人情作用適得其中。因爲日常生活中往往受到情感衝激，所以需要時刻自行惕勵，以免失常。

㈤君子率性修道，時刻不去心，即時刻無過或不及之偏倚。小人違反中庸之道，是因爲小人自私放任，不知反省，所謂「任性而爲」，乃是實際上「縱情自恣」，不知道天理人欲之別，因物欲誘惑而「化於物」。歸根結柢，是由於汨沒了人的靈性，沉迷於物欲之中，只知有己，不知有人。如此等於失去了「良心」的監督作用，不怕良心的自責，才肆無忌憚。小人爲惡害人，徒逞「快意」，快意後沾沾自喜，即是失去了良心的規範作用。至於「不逞之徒」，對自己的「爲非作歹」，振振有辭的虛誇，編造自以爲是的理由，則是完全失去了「作人」的面貌。

子曰：「中庸其至矣乎！民鮮能久矣。」　（三）

釋

孔子說：「中庸的道理無所不包、無所不在，但人們卻已經很久做不到了。」

子曰：「天下國家可均也，爵祿可辭也，白刃可蹈也，中庸不可能也。」（九）

釋

孔子說：「天下國家雖大，仍然可以平治，官爵俸祿雖然可貴，仍然可以辭去，銳利的白刃也可以踏上去，只有中庸之道是很難做到的。」

子曰：「素（索）隱行怪，後世有述焉，吾弗為之矣。君子尊道而行，半途而廢，吾弗能已矣。君子依乎中庸，遯世不見知而不悔，唯聖者能之。」（十一）

釋

孔子說：「有人探求隱僻之理，行為詭異的，後世有人傳述，我卻不會這樣做。君子遵循中庸之道而行，若半途而廢，我卻不肯。君子依循中庸之道，即使埋沒在山林，不為世人所知，也不反悔，只有聖人才能如此。」

詮

㈠以上三則分屬中庸原編第三、九、十一等三章，且各成一章。從意旨看，都在說中庸是「至矣盡矣」的最高又最終的原則，且都冠以「子曰」，類似論語裡弟子記載的語錄，故而摘出銜接在一起。

㈡「中庸之為德」一則，也見於論語雍也篇，文字是：「子曰：中庸之為德，其至矣乎，民鮮久矣。」少了一個「能」字。兩相對照，為弟子所記無疑。中庸原在「禮記」之中，朱子摘出別成一書。從全部禮記看，並從禮記出現的時間（漢）推測，其中大量內容，可能有「再傳弟子」的記載，故而文字比論語詳盡。後世學者以為禮記可能即是孔子教弟子的「禮經」，和周禮之重政道，儀禮之重儀式並列。再看司馬遷說孔子以六藝授徒，現今所存的有周易、詩經、尚書、春秋三傳，樂已失傳，但沒有所謂之「禮經」。但可以相信孔子時必然有此書，但已亡失，所見者惟大戴禮與小戴禮，小戴即是禮記，但不能確定即是「禮經全貌」。孔子既如此推崇「中庸」，可能即視之爲「道」的核心，不過重在「人道」，是「人」行爲的最高且普遍的原則。「至」字不但有「盡善盡美」之意，並且含有「普遍」而「無所不及」的意思。所以說「中庸之爲德」，「德」重在人的「知」和「行」的成就。而這項成就，卻很久不見於一般人的表現了。說「民鮮」或「民鮮能」，可以推知本是「盡人皆可行的」，衆人（民）不行，是實際現象。

㈢「天下國家可均」應是指爲政者（王侯）治國並非「難事」。「爵祿可辭」指治者（王侯的輔佐者）可以不必一定要居於其位，如孔子在論語里仁篇所說：「富與貴，是人之所欲也，不以其道得之，不處也。」又述而篇中說：「不義而富且貴，於我如浮雲。」即是擯棄爵祿富貴，只要守道而行，也並不困難。「白刃可蹈」指若有「冒險犯難」的精神，仍然會臨危不懼。這三者一在「治理國家」；一在「摒棄人所嚮往的富貴」；一在「不惜生命」；都不容易，可是和

「依乎中庸之道而行」比起來，中庸卻更成了難以作到的。

㈣「素隱行怪」之「素」字，朱注云依漢書爲「索」字之誤，意爲「深求隱僻之理，而過爲詭異之行。」因其「欺世盜名」，後世也有「傳述之者」，然而孔子卻「不屑爲之」。下文說有的「君子」也能「遵道而行」，然而卻半塗而廢，即是「擇善」而「不能固執」，孔子以爲自己則行之而不能中止。猶如得一善尙拳拳服膺，何況至高之德，自然不會輕易失去。

㈤「君子依乎中庸」是根據「良知」，相信中庸是「不易」（變）之理，力行而不肯須臾背離，更不問由此而致的結果。世俗以爲行道必然「聞達」，乃是「不知道」二者並沒有必然的因果關係。行道取決於「知周」「知徹」，是自己的事。聞達與否，在於那是否有道，和世人是否都知「道之可貴」，否則不見知於治者，而不得顯達；不爲世人所知，而得不到崇敬，並不足以改變初衷，甚至心存戚戚。反過來說，衷心因依乎中庸而心安理得，胸懷坦蕩，無怨無悔的，只有聖人才能達到這樣的境界。

大哉！聖人之道！洋洋乎，發育萬物，峻極於天。優優大哉！禮儀三百，威儀三千，待其人而後行。故曰：「苟不至德，至道不凝焉。」故君子尊德性而道問學，致廣大而盡精微，極高明而道中庸。溫故而知新，敦厚以崇禮。是故，居上不驕，為下不倍。國有道，其言足以興；國無道，其默足以容。詩曰：「既明且哲，以保其身。」其此之謂與？（二十七）

釋

聖人之道是這麼偉大！充滿於天地間，啓發化育萬物，高到與天相齊，是這麼豐富寬廣！通行天下之禮有三百，帝王之表現有三千，要有這樣的人才能實行。所以說：「若非才德達到高峰，就不能與至高的道合成一體。」故而君子崇敬德性，講求學問，致力道之廣大而曲盡精微之處，窮極盡高明的境地，遵循中庸。溫習已經學過的，擴充新知，心存敦厚以崇尚禮節。如此則是在上位時不驕縱，居下位時不悖亂。國家有道時，言論足以興邦；國家無道時，沉默足以自保。詩經說：「既明理又睿智，可以保全其身。」大概就是這個意思？

詮

㈠經前幾則說明中庸爲既普遍又高到極致的原理原則，但卻湮沒不彰之後，似乎寄望於一種「理想人」，即是聖人。聖人是「從容中道」的人，然而卻具有如天地或「道」之作育萬物的能力；對人文則創造「禮儀」以提高人的品質。此種提高人的品質的能力，又是一種創造。然而卻必須有至高無上的「德」，才能達到與天地齊一的地步。

㈡聖人爲數極少，故而寄望於修身達「道」的君子，君子是「有志而力行者」都能完成的。從「尊德性」而敦品力行；從「道問學」而致知通達；開闊胸襟到如天地般廣大的沒有極限，鑽研道理到無微不至的精密程度；往上窮極至高明境界，普遍到中庸無所不在之處。其實達到這個程度，也和聖人並無二致。唯一的區別是：君子是要自行努力而致的，和聖人本就完滿充實不同。但是卻暗含著君子可以成爲聖人的意思。這樣說反而給了「多數人」（自知不如聖人的人）很大的鼓勵，正是孔子苦心孤詣，諄諄教人的目的。

㈢君子由「溫故而知新」以增進知識和「才力」，由「敦厚以崇禮」的篤行而提高了人品，本身已經達到了「理想人」的程度。此時不能冠上「聖人」的名號的原因，乃是孔子所稱道的聖人，率爲古代「聖王」，都曾居於最高政治地位。君子沒有古代聖王的「先在地位」，是否「有機會」將才德表現在政治，決定於「機遇」，這一點也是「通達的君子」自己所知道的。所以如果有機會居於上位，則必然不會「驕奢淫佚」，否則居下位時，則安分守己，也不會「犯上作亂」。在國家政治合乎「常道」時，容許有益的諫言，因而可以提出意見，以振興國家；倘若政治「失常」（在於國君不行常道，往往殃及百姓。），則識時達務，知道忠言逆耳，足以佔禍，便保持沉默，以保持自己與「時勢」相容併存。

㈣「既明且哲，以保其身。」出自詩經大雅烝民。原意是說仲山甫輔佐帝王，克盡自己的職責，以其聰明才智，維持正道，並保護自己，不作非分之事。因爲「非分」不合理，也沒有效果。

㈤前第三則曾舉出人中之「至誠」有與天齊一的功能，此則強調聖人之「至德要道」在依乎「中庸」，並說明中庸可以從奉行不悖而達到最高境界。

仲尼祖述堯舜，憲章文武；上律天時，下襲水土。辟如天地之無不持載、無不覆幬；辟如四時之錯行，如日月之代明。萬物並育而不相害，道並行而不相悖。小德川流，大德敦化。此天地之所以為大也。（三十）

釋

孔子遠宗堯舜之道而傳述，取法並闡明文王武王之道；向上以天道運行爲法則，向下順應水土之理。猶如天地沒有不能負載、不能覆蓋的；猶如四季更替運行，日月交互輝映。萬物並生而不相妨害，道理並行而不相悖逆。小德像溪川，長流不止，大德敦厚化育，綿衍無窮。就是天地所以偉大之處。

詮

㈠本則開語稱「仲尼」，顯見是孔子後學或孔門之外的人之語。文中對孔子推崇備至，同時也給孔子繼承古代文化，闡明周代聖王的脈絡作了明確的註腳。這個脈絡的根原，可以上溯到「易經」對自然現象的認定，由天時地理以至宇宙萬物的存在。經過孔子的闡揚，人文世界得以通觀宇宙原始和宇宙全體。這項「成就」或「德」，與天道造物育物之德相等，使世人明白了「道理」。

㈡此則無疑的是認爲孔子是「聖人」，因爲聖人通天道並開啓人道。人道行於世，和天覆地載，化育的功能同樣偉大。從宇宙萬物化生，並行不悖說，是「天地之大德」；從人道倡明，流行無窮盡說，聖人—孔子的偉大，正可以和天道等量齊觀。由此接看原編下一章，這個意思更爲明白。

㈢孔子從未以聖人自居，甚至自以爲尚未臻君子的極致。論語述而篇中有「子曰：若聖與仁，則吾豈敢。抑爲之不厭，誨人不倦，則可謂云爾矣。」爲之不厭是出於「至誠」，誨人不倦是「成人」無息，即中庸原編第二十五章所說「誠者，非自成己而已也，所以成物也。」惟孔子不肯自己「標榜」，所顯示的，不但是「自謙」，更是廣闊的胸懷。論語憲問篇中又有「子曰：君子道者三，我無能焉。仁者不憂，知者不惑，勇者不懼。」子貢也認爲是孔子「自謙」之辭。試再看中庸「成物」之下，「成己仁也，成物知也。」可知孔子自謙是一回事，「公論」又是一回事。後世人說：「天不生仲尼，萬古如長夜。」如果沒有孔子闡揚中華文化正統，則在諸子百家爭鳴之後，必然使思想界陷於混亂。

唯天下至聖，為能聰明睿智，足以有臨也，寬裕溫柔，足以有容也；發強剛毅，足以有執也；齊莊中正，足以有敬也；文理密察，足以有別也。溥博淵泉，而時出之。溥博如天，淵泉如淵。見而民莫不敬，言而民莫不信，行而民莫不說。是以聲名洋溢乎中國，施及蠻貊，舟車所至，人力所通，天之所覆，地之所載，日月所照，霜露所隊，凡有血氣者，莫不尊親，故曰配天。（三十一）

釋

只有至聖之人，能夠聰明睿智，足以監臨天下；恢宏溫和，足以包容衆人；奮發堅強，足以執一不變；敬肅莊重中正不阿，足以敬愼鄭重；詳察條理，足以明辨是非。此五德淵博廣闊，時時表露於外。其廣博如天，深靜如淵，見其儀容民無不敬重，聽其言語民無不信任，視其行爲民無不喜悅。所以其聲名充滿整個中國，遠播到蠻夷之地，只要是車船可到，人力可達，天所覆蓋，地所承載，日月所照耀，霜露所降落之處，凡是有血氣心知之人，沒有不尊敬他、親愛他的，所以說聖人之德可以與天相配。

詮

㈠上一則在說明孔子闡揚從古至當朝開國帝王之治，本是秉承天道而治人，乃是帝王之道上通天道，也可以說是合乎天道的「常道」或「王道」。

從尙書看，堯舜的常道，以其本身的才德而致帝位。爲天下典範，主要的先在條件在道德和才能，有了這兩項才有政權。而政權的轉移，取決於有德有才的人，所以堯禪位給舜，舜禪位給禹，即是禮記禮運中所說的：「大道之行也，天下爲公。」如果孔子生在那個時代，很可能被賢德的帝王選爲繼位者。

然而從夏代以後，帝位變成世襲。縱使繼承者循道而治，也只能維持一個「小康」的局面，故而夏以後不再稱「帝」，只能稱「王」，這種變革，到了孔子時，已經存在了一千六百年，若想回到天下爲公的制度，已經不可能。所以此後的聖人，便再也沒有實現承天道行「常道」的機會，甚至因爲家世不屬王者，只能作爲王侯的輔佐者，孔子一生周遊列國，便在尋找這樣的機會。

㈡沒有居於王侯的先在條件，並不能改變聖人之爲聖。因爲聖人的才智，可以治理天下，即使沒有機會發揮，才智仍然存在。而聖人胸懷遼闊，對各種人都能兼容併蓄，其至誠的精神，成爲百折不撓的力量，不畏艱難困苦。其誠正的態度，永遠以敬直內，以義方外，使人見而莫不尊敬。其依理分辨的洞察力，更足以辨別是非善惡。這樣的才智、胸襟、精神、毅力和無微不至的運用，表現內在的完滿充實，可以隨機而發，發而必然適中，即是無不合乎中庸之道。

㈢聖人的狀況，見於像孔子這樣的人身上，雖然不得居於王侯之位，甚至遇不到賢德的王侯，由輔佐而發揮才能，卻仍然表現了影響力，即是展現出「成人」的力量。孔子由教授弟子而傳播天道人道，教弟子修君子之道，擴展開來，造就大量的君子，仍然可以倡明人道，宏揚天道。這種作育力量和成就，從人類世界說，足可和天道生物相匹敵。

㈣作育人的成就，從多數人不能實行中庸之道；從人類生活和道日行日遠說，成了更爲急迫的事。因爲人不行人道而致人類世界日趨紛亂；更進而破壞了天道所造之物，於此確定了教育的必須。孔子則是開啓人道教育的聖人。

唯天下至誠，為能經綸天下之大經，立天下之大本，知天地之化育。夫焉有所倚，肫肫其仁，淵淵其淵，浩浩其天。苟不固聰明聖知達天德者，其孰能知之？（三十二）

釋

只有至誠的聖人，才能治理天下之倫常，確立人道人性的根本，知曉天地化育萬物之理。這樣才有所憑倚，至誠者，其仁是淳厚合理的愛，有如深淵般的寬廣，有如天一般的高明。因此如果不是本來就聰明聖智通達天德之人，又怎能知道呢？

詮

㈠人道中所謂「誠之者」指多數人。但人中也有少數人的誠本就完滿充實，前文已見「至誠」之說。本則繼「至聖」之後，又舉出「唯天下至誠」，有「至聖」與「至誠」相通之義。朱注也說：「惟聖人之德極誠無妄，故於人倫各盡其當然之實，而皆可以爲天下後世法，所謂經綸之也。」

㈡「經綸天下之大經，立天下之大本。」朱注爲「經者理其緒而分之；綸者比其類而合之也。經、常也。大經者、五品之人倫。大本者、所性之全體也。……天下之道，千變萬化，皆由此出。……」大致解釋，「經綸」是依照一個「秩序」，即是「條理」，將紛然雜陳的事物，分別出次序，有頭有序則免於「亂」（亂即所謂茫無頭緒）；然後再將類似的合併在一起，分門別類，然後秩序井然，奠定人類世界的根本。只有至誠之人能如此作。同時也只有至誠之人知道天地的化育功能。前文說「至誠如神」即在說至誠的智慧和作爲，通天徹地，中間曠達人事，洞見機先，不假外求。

㈢至誠者必然「懇切」。懇切之中，必然含著堅執的熱情，有對作爲的「愛意」在其中。「肫肫其仁」表示懇摯，印證「力行近乎仁」，可以了解此則中「仁」字的含義。加上深遠廣大，足以和天道之悠久、博厚、高明相匹敵。所以說若非確實的聰明聖智，通達天德的，不能知道。

㈣至此「至聖」與「至誠」合而爲一，是人之中可以配天的。這樣的人把形上的天道闡釋給人，建立了通天道的人道，開啓人類的智慧，指導人類「正當的」作爲，使人人「有道」，以完成一個和諧完美的人類世界。

㈤聖人建立人道，主要的在導引人的靈性。或者說在於導引人將天賦之知和行的能力，「適當」的表現出來，以從事「人的生活」。所謂人的生活，其一在超越其他物類之只依從本能；其二在創造事物，以彌補自然之不足；其三在人與人和諧共處，以形成祥和的群體。否則人將誤用其知和能，或者淪落到禽獸不如的境地；或者毀壞了天地所生之物；更切身的是「同類相殘」，互相爭奪殺伐，在達到所爭的目的之前，先已自取殺身之禍。徵諸人類歷史，可以驗證聖人的先見之明。

詩曰：「衣錦尚絅。」惡其文之著也。故君子之道，闇然而日章；小人之道，的然而日亡。君子之道，淡而不厭，簡而文，溫而理；知遠之近，知風之自，知微之顯，可與入德矣。（三十三）

釋

詩經說：「在彩色綢衣之外再加一件罩袍。」（詩，衛風，碩人與鄭風，豐中皆句爲「衣錦褧衣」，義與「衣錦尚絅」同）是嫌錦衣文彩太顯著。所以君子之道，是將美蘊含於中而不露，日久自會彰顯。小人之道卻外顯而無內含，日久必漸枯竭。君子之道平淡而不使人生厭，簡單而有文采，溫厚而有條理，知道遠由近始，風有起處，能見微知著，就可以進入道德境界了。

詮

㈠通觀論語，可見孔子一力教弟子作君子，述而篇中載：「子曰：聖人吾不得而見之矣，得見君子者，斯可矣。」因爲聖人自有天縱異稟，不可多得。衆人由努力致誠而達到君子的地步，正是可以爲力之處。孔子尚且自謙不敢稱聖，自然不會期望別人是聖人，但卻希望有更多的人能成爲君子。中庸原編最後一章歷引詩文，對君子作了一番描述。

㈡「衣錦尚絅」在說君子「務實」，不重虛浮的外表。猶如後世所說的「求內在充實」。不務表露，即現在所說的不求自我表現，別人知道與否，並不在意，亦即論語學而篇中說的「人不知而不慍，不亦君子乎。」

「衣錦尚絅」在民國二、三十年間，尚留有餘緒。其時秋冬季的夾衣或棉衣，民間多在外面罩上一層單褂，一則保護裡面的衣料免於迅速髒污；一則罩褂取易洗的質料，以便保持整潔。只在正式場合，方脫去外罩，顯露出裡面衣服。雖然不似君子的「深藏不露」，卻合乎樸素的經濟之道。

㈢君子內在充實，充滿勃育，自然發生於外；且其表現源源不絕。華而不實的，往往一洩無遺，無以為繼。兩種人都隨處可見，但在世風日下之後，君子日見其少，隨處都是「的然而日亡」的人，乃是時代變異，表面可以一目了然；深藏不露者須經過長時間接觸方知，而在生活步調日趨迅速之後，衆人只重表面，無暇深究，知人之哲，也就更為稀少了。

㈣君子的內蘊、淡泊、恬靜，乃是出自性格與修養，不可誤以為是有意作做，故意隱藏自己。可以說君子守經（經是常），純任自然。其自然是合乎道理的狀況，從不過分強求。保持這樣的心境（心理狀況），則冷靜客觀，才有正確的認識和判斷，能夠把握事務的根原和關鍵，行事自然不違反道理，更不逾越規範，而進入道德境界。

詩云：「潛雖伏矣；亦孔之昭。」故君子內省不疚，無惡於志。君子之所不可及者，其唯人之所不見乎！

（三十三）

釋

詩經說：「雖然隱蔽起來，仍是非常明顯。」（詩，小雅，正月）所以君子只求內省無愧於心，不違背意志。君子不同凡響之處，就在別人看不見的地方，即是不欺暗室屋漏。

詮

㈠本則所引詩經兩句，爲小雅正月十一章，原意另有所指。此處引此兩句，旨在說明君子不求聞達，雖隱沒不爲人知，如魚潛在水底，仍然會「洞見光明」。「昭」字詩經作「炤」，亦爲光亮之意。眞正的意思是，君子修身完成自己，是自己對自己的責任。盡到了這分責任，便能心安理得。做到了無纖毫不誠之處，自然問心無愧，不必顯露在外，「務求人知」。若爲求人知而行，對自己就不是眞正的誠了。中庸原編第十一章說：「遯世不見知而不悔」，與此意相近。也是大學所說：「所謂誠其意者，勿自欺也。」自欺者常在人所不見的場所或時候，做不能告人之事，忘記自己是知道的，而自欺正是致誠的致命傷。

詩云：「相在爾室，尚不愧于屋漏。」故君子不動而敬，不言而信。（三十三）

釋

詩經說：「獨自處於內室，也能無愧於心。」（詩，大雅，抑）所以君子不必有所行動而能使人敬重，不必言語而能使人信任。

詩曰：「奏假無言，時靡有爭。」是故君子不賞而民勸，不怒而民威於鈇鉞。（三十三）

釋

詩經說：「奏樂求神降臨享祭時，靜默無言，無人爭吵。」（詩，關頌，烈祖）所以君子不必用獎賞，人民即自知勤勉，不必發怒即可威服眾人。

詮

㈠這兩則繼上則之後，肯定君子之誠，不是爲人，而是爲己。爲己則不因人不見而作不當的行爲。若因別人不知而妄爲，則是「欺心」，則是致誠未盡全功。

㈡君子致誠，必然無纖毫之失，如是才能無愧於心，並能取信於人。從而別人對他堅信不疑，不必再待證諸實際的動作或言語。如在實際經驗中，人們對誠篤的君子，一說到他便存著敬意，出自他一貫的敬謹態度和作爲；同時對他的信任，也絲毫不變，出自他一貫的言而有信。

㈢君子立身誠實無妄，信譽卓著。因爲時時刻刻誠敬在心，毫無變異，即使在敬神祭神的時候，也無須再作言語禱告，其風範已經深入人心，所以不必再用獎賞，人民就知道該怎麼做是對的；不必發怒，人民就有了畏懼之心。是說君子的影響力已經確定且擴散，用不著時時有所作爲。所謂「化民成俗」的「化」，是在不言不動之中，已經發生作用，且深入人心。

㈣古代祭祀，可能不免於迷信色彩。不過中華民族自堯舜以來，祭祀天地神祇，感謝的成分居多。周代加上祭祀先祖，感恩的成分更多。如果說用祭祀的儀式，培養誠敬的心意，也是一種教化功能，不可全視之爲迷信祈福的私心。孔子說：「祭神在，祭神如神在。」「如神在」三字顯然並未「確定」神必然在，只是要以「至誠」，以爲「神在」而已。後世推衍出來的迷信和仰賴神祇祖先庇佑，全然不問自己的居心和行爲，乃是一大錯誤。

詩曰：「不顯惟德，百辟其刑之。」是故君子篤恭而天下平。

（三十三）

釋

詩經說：「君子彰明德行，諸侯自會效法。」（詩，關頌，烈文）所以君子以身作則，篤厚恭敬，天下自然太平。

詩云：「予懷明德，不大聲以色。」子曰：「聲色之於以化民，末也。」詩曰：「德輶如毛。」毛猶有倫。「上天之載，無聲無臭。」至矣。（三十三）

釋

詩經說：「我時時眷念你以明德化民，不用大聲厲色。」（詩，大雅，皇矣）孔子說：「用急言厲色來化育萬民，是最下等的方法。」詩經說：「以道德感化不著痕跡，輕而易舉。」（詩，大雅，烝民）但毛雖輕，仍有實物可比。不如

「上天化生萬物，無聲無臭。」（詩，大雅，文王）才是至高無上的境界。

詮

㈠這兩則再藉詩經的話來說明誠篤是德。道德完備足以導致天下和平。到了「明德」（至高之德彰明於天下），不用辭色表現，人民便知道向背。即是用品格感召，所生的「化民」的力量和效果最高。用表面的辭色想收到化民的效果，是最不値得稱道的。孔子說：「其身正，不令而行。其身不正，雖令而不從。」正是此意。孔子稱道天地化育萬物的成就（德）不在言語，說：「天何言哉，四時行焉，萬物生焉，天何言哉！」（陽貨）

※成語

擇善固執、悠久無疆、溫故知新、明哲保身。

修道

葉坤靈　釋

（脩道之謂教）。　（一）

釋

人道需要加上修習的功夫，指導人修習人道就是教育。

詮

㈠「修道之謂教」原已列在天道中，此處重列，置於括號內，因其為修人道，確是「教」的必須。

㈡前在人道中已詮釋聖人通天道而啓人道。聖人對天道的明徹和對人道的表現，出於至誠，猶如天道本就完滿充實，不待修為。次於聖人的，如賢者近似「誠者」，但還要「致曲」，做到盡善盡美，也可進入至誠的領域。不過「致曲」仍然出於自己努力。此外大多數的人要靠聖人的啓發以明白天道和人道；並知道人要修身才能「達道」（進入人道）。明白和修爲須靠先已「成己」者的教導，然後自行努力，指引明白人道和修人道的途徑即是「教」或教育。

㈢因爲大多數人並不明白修道的道理，也不知道修道該從那裡做起。從中庸孔子所說的，可以得到這兩方面的要旨。不過孔子早已作古，後世的人要從先已明白孔子言語的人那裡接受這些訊息，就是歷來所謂之「師」。

㈣歷來傳誦孔子之道的師，固然不乏「明師」，但也有限於「古文章句」和「文字」，囿於「時代背景」，不肯「變通」，以致僵滯於某些方面，離實用愈去愈遠。經過明清科舉文章的形式限制之後，對孔子言語，當作經典奉誦，不研求「義理」，更不付諸實踐，以致被誤認是「空言」或「落伍」。值得重新研究思考。

㈤試參照禮記學記篇，可以知道二千餘年前的「教」，仍然是目前可行、當行，卻行而未徹底的，更值得深思。

㈥自新教育奉歐美爲圭臬後，將古代文化棄如敝屐，甚且視之爲「違反人道」。殊不知先哲講人道，是從根原上講起；從實踐上著手。主要的以人改善自己爲本。如果人人都能做到，何愁人類世界不是一個和平雍穆的樂園？

㈦修道之謂教的一個前題被人忽略了，即是「教人」修道者，應該是「自己」已經「修道有成」的人，然後才有資格「教別人」修道。如果自己「不曾修」，只用「空話」教人，必然虛而不實，而且不知「修」的關鍵何在。教育之效果不彰，從事「誇誇其言」，不務實際；教師不先自身體力行，可能是一大原因。

子曰：「道不遠人，人之為道而遠人，不可以為道。詩云：『伐柯伐柯，其則不遠。』執柯以伐柯，睨而視之，猶以為遠。故君子以人治人，改而止。忠恕違道不遠，施諸己而不願，亦勿施於人。」（十三）

釋

孔子說：「人道離人不遠，人修道而拋開人，就不是道了。詩經（豳風．伐柯）中說：『拿著斧子伐木做新斧柄，舊斧柄的樣式就在眼前。』手持斧柄伐木，斜著看就會覺得很遠。所以君子根據人來治理人，使人知道改正便可。忠實和寬恕離道並不遠，不願意別人加於自己身上的，自己就不應該加於別人身上。」

詮

㈠人道中也已經說過：「道也者，不可須臾離也。可離非道也。」此則引孔子的話說道並未離人過遠，或者應該解釋爲道就在人本身和其方便左右。因爲人道是人存心、立身的原理原則；在於人的言語行爲的表現。人的言語行動由人而出，人道自然離不開人。

㈡孔子這樣說，可能其時已經看到有些人，甚至很多人，把道看成是崇高神聖，非一般人所能企及的；因此也就不想「知道」，當然更不想行道。人和人道分開，人「自是人」，「道」自是道，成爲道和自己全不相關。實際上仔細想來，日常生活中常常遇到見到，近在眼前的事物，道理已在其中，只是「不肯想」而已，甚至還會捨近求遠。

㈢「己所不欲，勿施於人。」「己」是切身的，人同此心。能夠「推己及人」，可以「視人如我」，只是因爲在日常中把人和我劃分得壁壘分明，以爲人和我截然不同。所以我所喜歡的、願意的、想要的，如果來自於別人，別人便應該讓我高興，合我意願，慨然給我；如果在我表示之前做到，則更合我欲。不會設想別人是否也喜歡、願意或想要，好像別人沒有情感和願望一般。反過來自己不喜歡、不願意、不想要的，便通統推到別人身上去。最常見的是把自己不喜歡的東西塞給別人；自己不想做的事教別人去做；甚至把自己的錯誤也推到別人身上。「有己無人」，不把別人當作是和自己一樣的人，把別人當成低於自己的人，不合道理，卻人所難免。

君子之道，辟如行遠必自邇，辟如登山必自卑。詩曰：「妻子好合，如鼓瑟琴；兄弟既翕，和樂且耽；宜爾室家，樂爾妻帑。」子曰：「父母其順矣夫！」（十五）

釋

君子之修道，譬如走遠路必須從近處開始，譬如登高山必須從低處開始。詩經（小雅．常棣）中說：「夫妻相互敬愛，像彈奏琴瑟一樣和諧，兄弟情感融洽，便會沈浸在和諧歡樂之中；要使你的家庭平和，使你的妻子兒女快樂。」孔子說：「這樣父母一定順心舒暢！」

詮

㈠道不遠人，就在切身之處。不過人道也通於聖賢境界，可以廣大悠遠博深到上通天道，是一個由近及遠的歷程，也是終生歷程。

㈡修道的起點就是要從自己開始，從自己的言行舉動開始。一個人每天都要說話；也每天都有舉動。忠於自己的言語行動，沒有非分的言語行動，便合乎君子之道。不必以爲語驚四座，舉動不同凡響才算超越。

㈢言語舉動有習慣性，所以從開始便要自己檢點。說話不可徒逞口舌之快；只求自己快意而傷害到別人，不是君子所應有的表現；只想表現自己動作非凡而與情境或別人不合，也不是君子之道。

㈣人在切近處有失君子之道的原因，往往是與人相處時，只把注意力放在別人身上，並不是設身處地的替別人著想，而是在尋找別人的錯誤：他那一句話說錯了；那一個舉動不合宜。忽略了注意自己有無過言過行。善於批評別人，談論別人的是非，不知道用別人的不當處作自己的借鑑，往往失去許多修道的機會。

㈤別人可能有錯誤或不如我處，但不是我應該拿來做話題的，而是要用來自行惕勵。孔子說：「三人行，必有我師焉，擇其善者而從之，其不善者而改之。」（述而）「不善者」不是「學習」的榜樣，而是「改過」或「免過」的鏡鑑。

㈥世人每有過言過行，便舉出「有人也作此言」或「也有此行」爲藉口，以爲自己不是「首犯」，可以擺脫不當之「咎」。殊不知爲學或修身敦品，當「取法乎上」，不該「自甘下流」。人中不乏「爲非作歹」者，怎能用此等人爲「範」，爲自己「文過飾非」？

㈦以「不善者」爲藉口，以爲「既然有人如此，我何獨不可」？不知道「爲善」是「向上」的；「爲不善」是「就下」。向上昇需要力量，要自行勉勵；「墮落」順勢下墜，不費吹灰之力。惡劣的習染易於使人陷溺，便在於此。怠惰、佚樂、毒品之誤人，可以使人得到快感，卻不能使人躋入君子之林，甚至陷溺於其中，無法超拔出來，不可不愼。

(八)從切近處做起，就在自己時刻不離的切近環境中；以及最常接近的人之間。中庸所說的要修身修道的人，是有了自己的見地，能自作主張，能夠爲自己的行爲負責的人，大致上已經成年或接近成年，負有善處家人，形成快樂家庭的責任，也就是「齊家」的時候。

照大學所說，似乎在齊家之前，應該完成格物、致知、誠意、正心和修身的工作。若此時還要講修身，似乎與歷程不合。最好從另外兩個角度來看：第一、格致誠正修，在程序上似乎有先後之別，但卻不是必待完成了一步，才能進入下一步。這些步驟既不互斥，反而更要同時並進，都是終生的工作；第二、婚姻制度中，雖有「不言而喻」的生理年齡的「了解」，實際上卻非完全如此，尤其並未規定「完成修身」者方能結婚，故而已經有了「室家」的，未必即知道「齊家之道」。此則只是就一家之中的一個「起點」人物爲例，說明行道從「近處」開始而已。

(九)詩經小雅常棣是歌誦周公與兄弟歡聚的快樂。照常情說，兄弟出自同一父母，有天生的血緣；又自動生長在一起，如果兄長愛護弟弟，弟弟尊敬兄長，自然是快樂家庭的景象。否則若兄弟習於爭競，家庭氣氛便會全然改觀。最致命的是到兄弟各有妻室後，家庭成員中加入了原來互不相識，又沒有血緣關係的人，「起點人物」如果不明道理，將會使家庭完全改觀。

㈩試從「妻子」這方面設想，無論從婚姻關係或夫妻情感而言，和丈夫相親相愛是常情。但是丈夫的父母和兄弟，乃是「不相干」以至「多餘的」，如果不善處理，將使一家人意見紛歧，嫌隙層出不窮。若丈夫只知愛妻子，「唯婦言是聽」，忘卻了手足之情，很可能兄弟反目成仇，連帶的使父母也不得安生。所以不但要「妻子好合」，還要「兄弟既翕」，這就要「起點人物」在夫妻兄弟之間，妥善的調和，共同和諧共處。這樣說看起來容易，做起來則要相當的理性，也要有相當的智慧。

如果「起點人物」時刻不忘父母對每個子女的愛都相同，便不致因兄弟不和而傷父母之心。如果時刻記得兄弟和自己曾自幼共同生活，便不會因有了妻室而疏遠了兄弟。手足之情和夫妻之愛可以併存而不悖，就在道理之中。

君子之道，費而隱。夫婦之愚，可以與知焉；及其至也，雖聖人亦有所不知焉。夫婦之不肖，可以能行焉；及其至也，雖聖人亦有所不能焉。天地之大也，人猶有所憾。故君子語大，天下莫能載焉；語小，天下莫能破焉。詩云：「鳶飛戾天，魚躍于淵。」言其上下察也。君子之道，造端乎夫婦；及其至也，察乎天地。（十二）

釋

君子之道，既廣大又精微。無知的夫婦雖然愚昧，也可以知道一些，但是其精微至極之處，就是聖人也有所不知。不賢的夫婦雖然卑劣，也可以做到一些，但是要貫徹到底，即使是聖人也有所不能。天地已經如此廣大，人還感到有缺憾之處。所以君子之道，說到其大處，天下都負載不了；說到其細微處，天下沒有人能再予以剖分。詩經（大雅．旱麓）中說：「鷂鷹飛翔直升天際，魚一跳潛入深淵。」是說向上向下都彰明昭著。君子之道，肇始於夫婦，到了最高的境界，則昭著於天地之間。

詮

㈠前文說君子之道就在切身之處，而且也就從切近處開始。然而道也至高無限，寬廣無垠。也就是說，道充塞於天地之間，高深、悠遠，而且精微至極，甚至連聖人也有不知不能的。

這樣說並不是「危言聳聽」；更不是要人知難而止。相反的，乃是鼓勵人深入窮究。驗證今日的科學知識，原來所說的宇宙，只是人類所能接觸的太陽系，在此之外，還有若干星系爲人所不知。拋開天文物理，從君子開拓知識，推究道理來看，就人道而言，還有無窮無盡的道理待推究，還有無窮無盡的事務待實行。這種觀點和胸襟，正是君子所應該具備的。

㈡「君子之道，造端乎夫婦。及其至也，察乎天地。」說盡了君子之道的歷程和領域。從歷程說是由近而遠，由低而高；從領域說，則充塞於天地之間。

㈢說君子之道從夫婦開始，可以詳細的詮釋一番。

自古以來，以男性爲主體。男子成婚，意味著已經成年，此後便要從事成年人的生活，也就奠定了一生的責任：

第一步責任是前引常棣中的「妻子好合」。「好合」的狀況是「琴瑟合鳴」，是夫妻「如賓如友」。這一點被後世拿來和「三從四德」並論，甚至解釋成重男輕女，把妻子置於「次於丈夫」的地位，頗爲「冤枉古人」。照字義解釋，「妻之爲言齊也」，本來站在與丈夫「齊一」的地位，並無高下之分。否則琴瑟如何能夠「合鳴」？

不過丈夫和妻子的職分（任務）不同。古代依男女性別和生理特徵分，男主外（耕田）、女主內（操持家務）。這種分工合作，和男女「平等」並無實質的關係，無寧說是各盡所長。試再看婚禮中男子的「奠雁」、「迎娶」多麼隆重，就是因爲入了門的妻子，要盡她的一份責任。

妻子的責任是在「夫妻」好合之外，還要「宜室宜家」。這就是說，除了夫妻如賓如友之外，更要往上「侍奉翁姑」，代替下田耕作的丈夫，照顧他的父母；同時善處平輩的兄弟妯娌，維持家庭的合作與和諧。

那麼這個作丈夫的責任，就要對這個「新來的」、對自己的家人一無所知的妻子，詳細說明指引，（介紹每個人的個性和好惡），幫助妻子在「新家」之中，順利的進入情況，適當的周旋於每個人之間。並非只顧躲在私室裡，一味的去享受「宴爾」之樂。

如此看，夫婦生活的開始，就包括「承上」（尊長）「共處」（平輩兄弟）和夫妻同心協力等項。勢必要做丈夫的知道君子之道，行君子之道，才能得到妻子的諒解與合作。

第二步責任是負起「獨立謀生」的任務。理論上一個結婚的人，既已成年，便不應再依賴父母以爲生，而是要獨立發揮能力，負起養家的責任。有了謀生的能力，才能證明能夠獨立。得到妻子的幫助，這項責任才能完全實現，有了「一家之主」（全家的骨幹人物，並不抹殺父母的尊長地位）的意味。

第三步是結婚生子，乃是極自然的事。則既爲人父，便要負起養育並教導子女的責任。於是一方面要在言語行動上，作子女的典範；一方面要相機（隨機）教導子女，建立言行的良好習慣，並矯正其不當之處，這是「啓下」的任務。

在這三步之外，生活中還有必不可少的「本身工作」，和親友交往之道，以至與更多事務和人的接觸，都有應行應止的道理。知道如何處理，處理得合情合理，便符合了君子之道。後人說：君子之道，其細無內，其大無外。就是說精微到無從再剖析，廣大到宇宙也不是極限，自然要愼重從事，更要放開胸懷設想。如果每個開始婚姻生活的人，都明白又能實踐君子之道，理想的人類世界便能實現了。

是故，君子戒愼乎其所不睹，恐懼乎其所不聞。莫見乎隱，莫顯乎微，故君子愼其獨也。（一）

釋

所以君子即使在別人看不到的地方也同樣戒惕謹愼，即使在別人聽不到的地方也同樣恐懼小心。愈隱蔽的地方，愈容易被發現；愈細微的東西，愈容易顯露。所以君子在獨處的時候同樣要謹愼。

詮

㈠君子修身行道，要從最切身、最細微處用功。聖人不惜一再叮嚀，不厭其煩，就是因爲細微處容易忽略；獨處時沒有人看見。有所忽略便是未竟全功；不知「畏己」便是「欺心」。欺心者是「自欺」，正是大學教人誠意所應該避免的。

人的靈性在於人有「良心良知」。良心是人所獨有的，依照道理以監督自己，並判斷自己的機構。世人只知欺人爲「非」，卻不知道自欺更「對不起」自己。欺人者可能被人發現；自欺者人不及知，只有自己才知道。自欺更是「致誠」在起點處的「歧路」，一入這條道路便和「誠」分道揚鑣。私自爲非而以「人不知」沾沾自喜者，是良心失去了作用。

㈡君子修道是「自己的事」。並不是爲求人知道。前文曾說「遯世不見知而不悔」即是此意。

世人有些行爲，往往是爲了做出來給別人看的。所以有些欺世盜名之徒，也能蒙騙別人，不過蒙騙只在「一時」，日後仍然會被人發現。道不虛、理無僞，便在於此。前文引詩經「潛雖伏矣，亦孔之昭。」引申到這方面，也可以說，在暗室屋漏中做出欺人之舉，仍然有顯揚出來的可能。

最後一句話，君子修道是「爲自己」，是求「自善其身」。因爲這是自己對自己的責任。

君子素其位而行，不願乎其外。素富貴，行乎富貴；素貧賤，行乎貧賤；素夷狄，行乎夷狄；素患難，行乎患難。君子無入而不自得焉。在上位不陵下，在下位不援上。正己而不求於人，則無怨。上不怨天，下不尤人，故君子居易以俟命，小人行險以徼幸。子曰：「射有似乎君子，失諸正鵠，反求諸其身。」（十四）

釋

君子按照自己所處的地位行動，不希冀非分的。處在富貴的地位，就做富貴的人所應做的事；處在貧賤的地位，就做貧賤的人所應做的事；處在夷狄的地位，就做夷狄地位應做的事；處於患難之中，就做患難中所應做的事。君子無論處於什麼地位，都能安之若素。處在上級地位不欺凌下級，處在下級地位不攀援上級。但求自己立身正直，無求於人，就不會有什麼怨尤。上不怨懟天，下不怨恨人。所以君子安於所處的地位而等待時機，小人則不惜冒險以求非分的名利。孔子說：「射箭就好像君子做人的道理，射不中鵠的，反回來要求自己再精鍊技能。」

詮

㈠前數則闡明君子之道，由最切近處開始，即是從本身做起，修身必先立誠。誠從「不自欺」開始。然後及於切近的環境，即是家庭。善處夫婦、兄弟、親子之間，形成和諧的小社會單位，再擴展到大社會。

㈡人在大社會中，由於生活必須，已經演進成對富貴的謀求。然而這兩項都不是垂手可得的，除了本身的才能品格條件，還要機遇，所以也有貧賤或落在文化環境之外的人，而且這樣的人佔絕大多數。

君子按照自己所處的地位和所居的身分行事，只要認定這一點，則無論富貴貧賤或在夷狄之中，行適合身分地位的事，隨在都可心安理得，而且安之若素。

安於所處的地位和所有的身分行事，便不會「逾分」。若在上位，負有領導監督之責，但不可以上凌下，實際上已經是民主精神。若在下位，只要安分盡責，也無須趨奉諂媚上級。兩種情況都是求本身行正道，不干犯別人，所以不會招致怨尤，在天人之間，只有平和，自己更會泰然自若。所謂「君子坦蕩蕩」，就是如此而來。君子安於其位，待機而發，並不等於消極保守，或胸無大志，只是「不過分強求」而已。相對的小人行險以僥倖，正因為小人不安其位，不滿於現在所有的，一心只想攀得更高，得的更多，既然不能立刻如願，所以才「小人常戚戚」。君子和小人兩種心境，要從修身明道與否上來判斷。

㈢君子「不願乎其外」出自於沒有「責成別人」的心意。即是如論語衛靈公篇中孔子所說：「君子求諸己，小人求諸人。」求諸己則要求自己改善進步，自己自然獲益。求諸人難免諉過苛責，不但於己無益，反於品格有損。所以孔子用射箭作比喻，射如不中，是自己描準或拉弓的技術有問題，不能怪弓箭不利或鵠的「不合作」。技術在自己熟練，除了要求自己多練習，更無他法。

不過世人中也確有不自反省，而一味怨天尤人的，即如射不中鵠而嗔怪弓箭不利的，也不乏其人。常見父母在幼兒學步跌倒啼哭時，不教以走路當小心且勿貪快，反而用拍打地面，責其不平而致兒傾跌，正是導引幼兒諉過，阻止自反的錯誤方式。

子曰：「好學近乎知，力行近乎仁，知恥近乎勇。知斯三者，則知所以脩身；知所以脩身，則知所以治人；知所以治人，則知所以治天下國家矣。」（二十）

釋

孔子說：「喜好學習接近智，努力實行接近仁，知道羞恥而不為接近勇。知道這三點，就知道怎樣修身了；知道怎樣修身，就知道怎樣治理眾人；知道怎樣治理眾人，就知道怎樣治理天下國家。」（李宗薇）

詮

㈠修身要達到三項成就，即是要具備三項人人必有的德性：知、仁、勇。這三項都是靠自己努力可以完成的。

㈡首先要闡明所謂好學是要把「不知」變成「知」。並不限於識字讀書，而在知道「道理」，或是爲人作事的道理。書籍中當然也有這些道理，但要先能「識字」才能讀書，然則不識字的豈不永遠沒有了「知」的機會。事實上並不然。一則是道理可經口述，語言自有其功能；一則是道理可從自己的作爲和經驗中參悟，可能知道得更具體而透徹。

多知則多識，即是多有「識見」，通常稱爲「見識」。自古以來，不識字者不乏有識見的，其見解之高，往往令讀書識字者「自愧不如」。所以「好學」的「學」字應該從廣義解釋，「學」的方式很多，要自己「有志」於學，才能得到知。

㈢「仁」字的意義相當抽象。論語中有「子罕言利與命與仁。」可能是「仁」字的概念既廣泛，又深奧，非片言能解釋清楚。不過縱觀論語中，仍有多處記載孔子言仁的項目，試錄其明顯的以爲例：

・君子務本，本立而道生。孝弟也者，其爲仁之本與！（學而）

・弟子入則孝，出則弟（音悌），謹而信，汎愛衆，而親仁，行有餘力，則以學文。（仝上）

・唯仁者，能好人，能惡（音ㄨˋ）人。（里仁）

・苟志於仁矣，無惡也。（仝上）

・我未見好仁者、惡（音ㄨˋ）不仁者。好仁者、無以尚之。惡不仁者，其爲仁矣。不使不仁者加乎其身。能有一日用其力於仁矣乎，我未見力不足者。蓋有之矣，我未之見也。（仝上）

・人之過也，各於其黨。觀過、斯知仁矣。（仝上）

・君子無終食之間違仁，造次必於是，顚沛必於是。（仝上）

・……夫仁者，己欲立而立人，己欲達而達人。能近取譬，可謂仁之方也已。（雍也）

・……仁者、先難而後獲，可謂仁矣。（雍也）

・仁遠乎哉！我欲仁，斯仁至矣。（述而）

・克己復禮爲仁。一日克己復禮，天下歸仁焉。爲仁由己，而由人乎哉！（顏淵）

・志士仁人，無求生以害仁，有殺身以成仁。（衛靈公）

・……能行五者於天下，爲仁矣。……恭則不侮，寬則得衆，信則人任焉，敏則有功，惠則足以使人。（陽貨）

詮者曾致力於尋找「仁」字的具體意義，以便付諸實踐，最後以爲是「理性的愛」。（見「教育的本質」）因爲「愛」是人與生俱來的情感，有衝動性，可能過或不及，加上「理性」成分，可以愛而適如其分；相對的使「惡」（音ㄨˋ）也能「得當」。

從上舉論語可見「孝弟」、「好惡」、「觀過」、「立己立人」，都有情感的成分，或者說是出自於「愛」的一股「熱力」。這種力作用到立身、待人和處事，始終不懈，是理性的「堅持」，所以才是「力行近乎仁」。

到了「仁」的境地，內涵便極爲廣闊，不只是涵蓋「恭、寬、信、敏、惠」，更可上推到天地造物之「仁」，於是又成了最高的「德」。人要參天地之化育，便要克制私欲私心，絲毫不放任自己，才有成就。

㈣「知恥」似乎是人類獨特的知覺作用。因爲知恥，才有「羞怯心」；又因爲有與生俱來的「恐懼」情感，又有了「畏懼心」。如是在「存心」和「行動」方面，便有了「爲」或「不爲」的分別。照道理，「見義不爲」是「無勇」，是怯懦，也是「恥」。反過來「爲而恬不知恥」的「爲」，就是由於缺乏克制自己的勇氣，才落下「恥」。所以實際上，「爲」或「不爲」，都和「恥」字相關，而「勇」字並不在「暴虎馮河」，也就很明白了。

㈤由好學、力行、知恥而入於「德」，達到「完成自己」的境地，可以稱爲「成人」。自己由此而成己，也可據此而「成就別人」；再據此而治理天下國家。因爲構成天下國家的主要因素還是人，國人都是修身達道的人，國家自然成爲一個合情合理的大環境，人生活在其中，自然幸福快樂。

「博學之，審問之，慎思之，明辨之，篤行之。有弗學，學之弗能弗措也；有弗問，問之弗知弗措也；有弗思，思之弗得弗措也；有弗辨，辨之弗明弗措也；有弗行，行之弗篤弗措也。人一能之，己百之；人十能之，己千之。果能此道矣，雖愚必明，雖柔必強。」（二十）

釋

「廣博地學習，詳細地問難，愼重地思考，清楚地分辨，確切地實行。不學則已，學的不徹底，就不中止；不問則已，問而沒問清楚，就絕不半途而廢；不思考則已，思考而未能有所得，也絕不停止；不分辨則已，分辨而沒有分辨明白，則絕不放棄；不實行則已，實行而沒有切實做到，就絕不終止。別人一遍就學會了的，我可以學一百遍；別人學十回就學會了的，我可以學一千回。果眞能

夠這樣做，雖然愚笨也會變成聰明；雖然柔弱也會變成剛強。」（李）

詮

㈠博學、審問、愼思、明辨、篤行，涵蓋了好學力行的歷程。學而不求廣博，問而不求詳盡，思而不求周密，辨而不求明白，行而不求確切，既不算好，也力有未逮。必須每一步都做到，才算克盡全功。而是否做到，只有自己知道。應該做到而不曾做到，是自己的恥辱。自知「做不足」是「恥」，要免於這份恥辱，便要克勵自己，努力做到，便要「勇往直前」。所以修身之道，好學、力行、知恥三者，缺一不可。

㈡「有弗學」，到「行之弗篤弗措也。」一段，是歷來斷句的「成文」。斷句是後人所做的。如果另行斷句，使句讀改爲：

有弗學、學之，弗能弗措也；有弗問、問之，弗知弗措也；有弗思、思之，弗得弗措也；有弗辨、辨之，弗明弗措也；有弗行、行之，弗篤弗措也。

則「弗」字可以全部作「不」字意解，是「不曾」或「不」的意思；而且保留「有」字原意，勿須另加文字，仍然可通，且意義一貫，非敢妄解古人，但求通達而已。

㈢「人一能之，己百之；人十能之，己千之。」從下文「雖愚必明」的「愚」字著眼，固然可以解爲「以勤補拙」的工夫，但是和「雖柔必強」卻不直接相關。如果從「博學」的「博」字看，「人一己百」、「人十己千」則可解爲「人學一，己學百；人學十，己學千。」更有克勵自己的意義，不必專從「愚」字看。

「凡事豫則立，不豫則廢；言前定，則不跲；事前定，則不困；行前定，則不疚；道前定，則不窮。」（二十）

釋

「任何事情，預先準備則能成功，沒有準備就會失敗。說話事先有準備，就不致詞窮理屈；做事先有準備，就不會發生困難；行動的步驟，能預先安排，就不會事後愧悔；預先定妥道理法則，就不會行不通。」（李）

詮

㈠此則在原編中接重複「凡爲天下國家有九經」之句，似爲結束前文而重複，與本則不相連貫，故取置於此，列爲修身之一則。

㈡此則應指言語行事，皆當預有準備。說話之前先想好，則有條理而暢達，且不致有「失言」之虞。做事先計畫周全，則可按步就班，依序完成；既不致茫然失措，也不致顧此失彼。行動預先經過考慮，小心謹愼，則不致「冒失」差跌，然後「悔不當初」。道理預先確定，則周備完善，不致猶豫不定，無所適從。

㈢這都是平凡但卻普遍的，盡人皆知。然而做起來卻往往相反。因爲人不免於衝動而鹵莽滅裂，甚至「一意孤行」。自以爲有了一個意念，便是「靈感」，便沾沾自喜。想到一句話便「衝口而出」，既不考慮是否「得當」，更不計及是否「合情合理」。一出於口，便不能收回。言而無信者在此；語言估禍者也在此。

這種情形，和處事行動的狀況相同。關鍵在只想到了「一面」，即很「得意」，以爲「必然是好的或對的」，不曾想到另一面：自己得意，別人未必得意；也可能是壞的或錯的。只想到「自以爲是」的一面，不想自己也可能是「非」，就是不曾預先周備考慮。「道」就在切身處，於此可見。

「在下位，不獲乎上，民不可得而治矣；獲乎上有道，不信乎朋友，不獲乎上矣；信乎朋友有道，不順乎親，不信乎朋友矣；順乎親有道，反諸身不誠，不順乎親矣；誠身有道，不明乎善，不誠乎身矣。」（二十）

釋

「處於下位而得不到上級的嘉許，就無法治理民眾；得到了上級的嘉許，而得不到朋友的信任，上級也就不嘉許了；得到了朋友的信任，而不孝順雙親，朋友也就不信任了；依理孝順雙親，立身不誠，便不算孝順雙親了；致誠卻不明白善的道理，便不算誠實了。」（李）

詮

㈠前面已經說過「君子素位而行」，此則列在言語行事之後，就多數「有位」而居於「下位」者而言，可以用於任職務者，不必是指政務。

㈡這一則是由在下位者要得到上級的支持，應是指「臣下」要得到「帝王」（上）的支持，才能發揮才能，做好分內的事。然後一層層推下去，到了根本之處，是要「明乎善」。

「善」字在大學中有「在止於至善」之句。朱注解「至善」為「事理當然之極」，則「善」便是「事理之當然」。

哲學中常把善惡對舉，單從人的行為說，「對」、「是」和「好」以至「應該」近於善。中華文化以天地生物是至高之善，也是「至德」，這是形而上的。在人則凡行為有關乎「生」、「長」、「成」的，也都屬於善；和「惡」的「破壞力」或「不應該」相反。人要修身修道便是趨向善，以通於天道之善，大概應是這個意思。

㈢依天道至誠和人道致誠說，到了「誠者」地步，本可達到人道之極，此則又提出一個「明乎善」，須另行推究，未便妄擬。勉強說來，「誠」在存心和作爲；「明善」在明白「善的道理」，明白了道理，誠身才有了心智的確切根據，才能屹立不搖，或者即是「擇善而固執」之意。

㈣以明善誠身爲基礎，推到順親、信友，以至獲上，意在既使居下位，仍然要具備基本的作人道理。也可以說，自身不明理便不能誠實無妄；不能誠實無妄便不能孝順親長。對待至親的人都不能適如其分，又怎能與毫無血緣關係的「外人」－朋友「有信」？朋友雖然沒有血緣關係，總還是「相知」，且有「規過勸善」之誼的，上級並沒有「相識」或「情誼」，然而「素行」卻常是上級擇人的依據，而「素行」自然見於日常的孝親長和交朋友的表現。

㈤引申這一則，可以伸明居下位者，要得到上位人的欣賞和信任，還是在於自己作人表現適當，不在對上位人諂媚逢迎。這是就正當狀況而言，即是上位人對下位者，以品格才能爲衡量標準，不論自己的「私心私情」。若有私心，衡量便無正當標準；若重私情，自然好惡也不得其正。在雙方都「合道」，才能「上下」都適如其分。

子曰：「愚而好自用；賤而好自專；生乎今之世，反古之道；如此者，烖及其身者也。」（二十八—一）

釋

孔子說：「愚昧的人偏好自以爲是，卑賤的人偏好自做主張。生在當今之世，卻要恢復古代的方式，災禍必定會落到他身上。」

詮

㈠「愚而好自用，賤而好自專。」的心理狀況，用現今「自我心理學」解釋，一是缺少自知之明，不知道自己和別人比較時，智慧和地位的等級；二是「自尊自重」的「自我意識」作祟，要表示自己「聰明」，不能承認才識平庸，也不願承認地位卑下，否則自己就顯得「不重要」了。結果是「否認」實際，

「不安於分」，難免舛謬百出，為自己招來禍患。

㈡自以為是，剛愎自用，必然極端固執。其固執非來自於「擇善」，而是因「偏執」以致不能「見善」，是世俗所謂之「心胸狹窄」。心胸狹窄則由於「所見不廣」；於是可知其對博學、審問、愼思、明辨、篤行，不曾作過工夫，以致始終停留在「愚賤」的狀況中。

偏執剛愎者常用來自炫和自衛的方式，便是「崇古以貶今」。把當世已不存在、不可見的事例作自己主張的佐證，以表現「人不如己」；且用以貶斥別人。不知時移勢異，古時一些良法美意，在當時可以行而有效；在現時則不合時宜。而且此種人所崇奉的「古道」，往往只在「一端」，偏而不全，並非行之百世而皆準的，也不可一概而論。

㈢歷史中最明顯的事例是在漢魏以後，仍然有人提倡恢復井田制度，以求富國安民。卻不知道井田制度在「地廣人稀」的時候實行，可以井然有序。到了「人稠地狹」的狀況，已經不能實行，勉強行之，不但行不通，也不會有效。

㈣在中庸之道內，本就含著「變通」，固執不變就和中庸之道相反。古代典籍經若干後代言者拘泥於文字，解釋成「僵滯不化」的語言，失去了眞精神，也是值得注意反省的一點。

子曰：「道之不行也，我知之矣：知者過之，愚者不及也。道之不明也，我知之矣：賢者過之，不肖者不及也。人莫不飲食也，鮮能知味也。」（四）

子曰：「道其不行矣乎！」（五）

釋

孔子說：「中庸之道不能實行的原因我已經知道了！就是聰明人知道的多，求其深奧，而不屑於闡明平易的道理。愚昧的人不明白，自然不作。中庸之道不能彰明的原因我也知道了，就是賢能的人作過了頭，不肖的人又作不到。人沒有不飲食的，但很少人眞正食而知其味。」孔子說：「中庸之道恐怕是不能行了！」

詮

㈠孔子在本則內把人分成兩類：智慧和才能。智慧是聰明程度，表現在「知」，用在「明白道理」方面，有「智」和「愚」之別。才能是任事的能力，表現在「作爲」，有「賢」和「不肖」之別。似乎孔子寄望於智者的，是闡明道理，而且應該重在從平易的道理入手；賢者則應該從切近平易處作起，兩者都不必好高騖遠。

如果智者和賢者能開啓愚蒙，顯示出實際作爲的典範，使愚者和不肖者有所遵循，中庸之道便可以昌明於世而實現。

㈡不幸孔子所見到的當時現象是：智者務求深奧高遠，可能已經「華而不實」；愚者既無從知道什麼是中庸之道，自然不知道從何作起。於是這兩種人高低懸殊，可能各自日趨極端，距離越來越遠，也就更背離了中庸之道。

另一方面，有作爲的賢者，只想作「大事」以至「難事」，以標榜自己的才能；對「常見」而「容易」的，認爲是「小事」、「易事」，不值得做，做了也不見「功績」，所以棄而不顧。至於不肖者，本來就沒有「作好事」的意願，作爲本就不合常道。結果自然使中庸之道，湮沒不彰。

㈢實際上中庸之道，就在日常生活中最切近處，和飲食一樣的普遍。智愚賢不肖都靠飲食維持生命，也都要堅持以「成爲人」爲原則。譬如喜怒哀樂等情表現出來，不使其過或不及，就是一例。情緒作用在一天之內，可能出現得超過了飲食的次數，智愚賢不肖都在所難免。就從這裡做起就是道。

㈣喜怒哀樂等情之需要調節，就是因爲這些情感作用表現的程度不同，過分強烈或淡漠，都不得其中，於是一則影響自己的健康；一則傷害自己和別人的關係。這是基本而普遍的，但其影響之鉅，關係到品格的高低，作人的當否，作事的成敗，乃是一生的關鍵。

㈤這一則看起來文字不多，但要就著「中庸」的意義通前徹後的來了解，把握住「調節情感」、「致中和」這個主旨，便知道孔子的深意之所在了。

㈥從周公制禮作樂，到孔子堅持禮樂之教，是先哲對人曾經有了透徹的了解而成的。人的問題，主要的出自「情緒作用」。這在今天屬於心理學。只是中華文化未曾出現「心理」這個名辭。實際上禮樂教化就是從「人情」（心理）出發，以禮「節」情，以樂「和」情。可能是先哲明白了心理作用的重要，但很快的想到了矯治的方法，來不及把心理作用解釋清楚，故而沒有這方面的描述。否則就可以知道「禮教」是出自於「人情」，正是「順人情」的，決不違背人情。到「禮教」成爲軌範以後，視之爲「道德」，不過是用來指導人將人情表現得「合理」，合理則人人能夠接受，怎可視之爲束縛人的枷鎖呢？最實際的例子是：誰喜歡有人對自己「怒目橫眉、惡言相對？」不是很平常的道理嗎？

子曰：「人皆曰『予知』，驅而納諸罟擭陷阱之中，而莫之知辟也。人皆曰『予知』；擇乎中庸而不能期月守也。」（七）

釋

孔子說：「人們都說我聰明，被人趕進網罟機檻或陷阱中，而不知道躲避。人們都說我聰明，擇取了中庸之道竟連一個月也做不到。」

詮

㈠這一則是「夫子自道」，可能有「自謙」的意思。不過眞正的意思是孔子不以爲自己是「智者」，和不以爲自己是「聖」與「仁」相同。於此可以看出聖人「不自詡」的謙遜態度；也是君子不自以爲「滿足」，才有「再接再勵」的「自行砥勵」的毅力。

㈡被人趕進陷阱而不自知，不可誤以爲是「愚」，應該從另一面來看，即是本諸誠信的原則，誠則無妄，自己無妄，便不猜疑別人有妄，因而無意防備；信則不疑，自已信實，便不猜疑別人欺騙。只能看作是君子不以不肖之心度人的性質。

事實上是，君子不自欺，也不欺人，故而「信人」，以致「君子可欺以其方。」這樣的故事是有人送給子產一條活魚，子產不忍殺而食之，於是教園丁拿去養在池中。不料園丁自己竟烹來吃了。卻告訴子產說：把魚放在水池之後，魚兒快樂的優游於水中，更顯得活潑美麗。子產聽了，深爲因自己不貪口腹之欲，使魚兒得所而高興，並未懷疑園丁的話，也未再求證。君子被欺，不是由於智短，而是出自「尊人」，不可誤會。

㈢「擇乎中庸而不能期月守」是在說行中庸之道，不可能免於偶有失誤。如果承認孔子是聖人，便應該知道聖人也是人，不必一定以爲無纖毫之失。

因爲中庸之道既精微又高遠，其細微至極之處，聖人也有覺察不到的，不必把聖人「神化」。若就喜怒哀樂之情而論，孔子也可能有「自以爲」不中節的時候。這句話後人當作自行惕勵的話看最好，不必一定咬文嚼字。接下一則看，可知這樣說比較客觀。

㈣前則曾說到「凡事豫則立」，其實修道更要時時刻刻自己反省。從「不豫則廢」而致事後懊悔說，「悔」無補於實際。因爲人在記憶能力之外，還有遺忘的本能，尤其對不滿意或不愉快的，更容易忘記，以免除不愉快。如果對一言一行，不忘時刻省察，將會發現更多的失誤。拿失誤作殷鑑，使其成爲積極的作用而不再犯，便不必一味懊悔，便能增加言前或行前的謹慎。由「不足」才能趨向「完善」。

「君子之道四，丘未能一焉：所求乎子以事父，未能也；所求乎臣以事君，未能也；所求乎弟以事兄，未能也；所求乎朋友先施之，未能也。庸德之行，庸言之謹。有所不足，不敢不勉。有餘不敢盡。言顧行，行顧言，君子胡不慥慥爾？」（十三）

釋

「君子之道有四項，我一項也沒做到：例如兒子侍奉父親之道，我沒做到；臣子事奉國君之道，我沒做到；弟弟對待兄長之道，我沒做到；對待朋友應該從自己開始，我沒做到。日常的道德行為，謹愼語言。凡沒做到的就不敢不勉力去做。多餘的話不敢全說出來。說話時要顧到是否能做到，做事時要顧到是否和所說的話相符。君子怎能不求言行一致呢？」

詮

㈠「君子之道四，丘未能一焉。」接上一則看，可以作「自謙」之詞。

㈡實際上孔子所說的「未能」不是不曾作到，而是有實際因素使然。就史記孔子世家所說，孔子生後不久，孔父叔梁紇便亡故，孔子自然沒得到事奉父親的機會。同時也未見孔子之上有兄長的記述，沒有兄長，又何從事兄？至於臣以事君，孔子只爲魯司寇三個月，時間過短，還未展現才能，便因魯君受齊女樂，三日不朝，於是孔子去魯，此後便再也沒有事君的機遇。從這三項說，不是孔子不肯作或不能作，而是事實使然。可能是孔子不能不以自己例，申明實踐四道事實而說的。

至於「所求乎朋友、先施之。」就史記和其他紀錄，孔子很早已經爲人師，一生都在弟子環繞之中，可能與人交往的機會很少；而且以孔子的智慧和德行，能夠稱得上是孔子朋友的人，恐怕也爲數有限，因而孔子也視爲是自己未曾做到的一項。

㈢如果就孔子自以爲這四項未曾作到，則接下文：「不敢不勉」者，從「庸德之行，庸言之謹，」著眼，所應該致力的還在「本身」，就在日常切近的細微之處，做到「言顧行，行顧言。」則事父、事君、事兄、與朋友交，便不致有「不到」之處。甚至在這四道之外，也不會有「違道」之處。對古人的深意，最好細心體會，不可拘泥於文字。

子曰：「回之為人也，擇乎中庸，得一善，則拳拳服膺而弗失之矣。」（八）

釋

孔子說：「顏回為人擇取中庸之道，得到一個善端就眞心實行，永不改變。」

詮

㈠孔子在論語裡稱道顏回好學，到顏回死後，說已經沒有好學的人了。可見顏子在七十二弟子之中，是唯一誠心向學的人。又說：「回也，其心三月不違仁，其餘則日月至焉而已。」可見顏子「篤行」的狀況。

顏子「擇乎中庸」，可以說是得到了孔子的「眞傳」，堅持奉行，固執不變，正是中庸的精神。

㈡中庸之道，不是徒爲「說辭」的，而是要實踐篤行的。又不只在行動作爲，還包括言語在內。如是實行起來，便沒有一句話、一個行動不在道中。正因爲言語行動紛繁，衡量起來，須就著每一項的「各種因素」來看，不是只用「一個尺度」能夠衡量所有的狀況，所以說「得一善則拳拳服膺」，是就個別事件而論。

㈢道有普遍性。道理原則也確定不移。可是用在個別事件上，因爲「個別事件」各有其特殊的狀況和條件，也是判斷「過或不及」所不能忽略的。否則便將成爲「偏執」，偏執便不是中庸之道。常有人堅持「一面的道理」來衡量是非，不能使人折服，便在於此。

例如事親孝親在順親，是原則，可是論語裡孔子也說過：「事父母，幾諫，見志不從，又敬不違。」（公冶長）便是說父母也可能有失誤的時候，此時「孝子」便不必盲從，可以委婉的勸諫。如果父母不聽，仍然不失尊敬父母應有的態度，才是「中庸之道」。可能顏子是唯一明白了這「眞諦」的人。

子路問「強」。子曰：「南方之強與？北方之強與？抑而強與？寬柔以教，不報無道，南方之強也，君子居之；衽金革，死而不厭，北方之強也，而強者居之。故君子和而不流，強哉矯！中立而不倚，強哉矯！國有道，不變塞焉，強哉矯！國無道，至死不變，強哉矯！」（十）

釋

子路問什麼叫做「強」？孔子說：「你問的是南方人的強？還是北方人的強？或是你自己所謂的強？用寬和溫柔的態度教人，不報復蠻橫無理的人，是南方人的強，君子便安於此道；披甲執戈戰鬥至死不倦，是北方人的強，強者便是這樣。故而君子溫和待人但不同流合污，是名副其實的強！堅持中道，不偏不倚，是名副其實的強！國家政治清明，不改變困窮時的操守，是名副其實的強！國家無道，至死不改變節操，是名副其實的強！」

詮

㈠地理環境影響人的體格和性格，周禮大司徒中已有記載。中國土地遼闊，黃河與長江自西向東流，區隔南北。視長江以南爲南方，長江以北爲北方。兩個地帶的地理環境和氣候有明顯的差異：南方人體形略矮小，性情較溫和，適應性較強；北方人體形壯大，性情剛直，強悍而不善機變。

㈡孔子雖說「南方之強，君子居之」但「君子和而不流」，「中立而不倚」，仍然強調「堅毅性」，非「柔懦者」可比，大有調和南北特色之意，並不以「衽金革、死而不厭」之強爲尙，可能因子路性格，有北方之強的特色，忠直勇猛，但缺少溫和氣質。孔子曾說：「若由也，不得其死然。（先進）又說：「野哉！由也。」（子路）更說：「由也，好勇過我，無所取材。」（公冶長）足見子路的性格。又從論語中子路和孔子問難以至對話，也可知道子路雖從孔子學習，卻只是「升堂矣，未入於堂。」（先進）或者可以說，子路始終未曾改變其「粗獷」的性格和氣質。「學以變化氣質」，在這方面子路還不見明顯的成就。

㈢眞正的強，見於「持身」，表現在「國有道」或「國無道」的狀況中。「持身以道」，只在「不違乎道」，不因自己「有位無位」或「環境」變遷而改變。國有道而有位，是「素位」而行；國無道而不得其位，仍然安貧樂道。「屹立不搖」，才是眞正的強者。

※成語

一、己所不欲，勿施於人；

二、登高必自卑，行遠必自邇；

三、戒愼恐懼；

四、無入不自得；

五、不怨天，不尤人；

六、居易俟命；

七、行險僥倖。

政道

陳玉珍　釋

哀公問政。子曰：「文武之政，布在方策。其人存，則其政舉；其人亡，則其政息。人道敏政，地道敏樹。夫政也者，蒲盧也。故為政在人，取人以身，脩身以道，脩道以仁。仁者，人也，親親為大；義者，宜也，尊賢為大。親親之殺，尊賢之等，禮所生也。在下位，不獲乎上，民不可得而治矣。故君子不可以不脩身；思脩身，不可以不事親；思事親，不可以不知人；思知人，不可以不知天。」（二十）

釋

魯哀公請教孔子有關治理國家的道理。孔子回答說：「文王武王的治道，都記載在簡冊上。他們在世時，治道盛行；他們逝世後，治道就消逝了。以人道施政，在使政治快速收效；以地道種樹，在使樹快速生長。政治就像蒲葦一樣。所以爲政在人，選擇人才，要根據他的修身狀況，修身則要依循人道；修人道，就要秉持『仁』。所謂仁，就是人，以愛親近的人（父母兄弟）爲大端；所謂義，就是合宜，以尊重賢人爲大端。愛親人有親疏之別，尊重賢人有高下之分，這就是禮的根原。所以君子不可以不修身；要修身就不可以不孝順親長；要孝順親長，不可以不知道人性；要知道人性，不可以不明白天道天理。」

詮

㈠孔子晚年定居在魯國，魯國君臣有向其諮詢政道的機會。魯哀公問政於孔子，史記孔子世家另有記載。中庸這一章（二十章）是文字相當多的一章，其中夾有「子曰」的字樣，可見並非一次答魯哀公的話。

㈡在政治方面，孔子十分贊美文王武王的治國之道。相信爲政在人。孔子以爲聖王如文武，是行「王道」的聖者，因其本身具有德性。周代後世的王者，沒有文武之德，「王道」遂日漸衰微。這種事實，證諸歷史，完全正確。

㈢政治的良窳，因主政者的德行而異。政治的效果在短時間就能看出，就在是怎樣的人主政。主政者施爲合乎王道，政治很快就可以上軌道，就如種樹一般，合乎地理條件，樹就長得快而茂盛；而政道則像蒲葦，生長比樹木更快。

㈣由此確定爲政在人，因爲政治本就出自人的作爲。故而要想政治有效，便要有「適當的人」來施爲。要選擇適當的人，便要以「人品」爲依歸。高尚的人品在於一個人修身「有道」；修身之道在於有「合理的愛心」（仁）。

㈤所謂「仁者、人也。」從一個人說，就是他和別人相處的方式：一在愛人；一在愛而合宜。合適即是「適度」，即是合乎中庸之道。「愛人」先表現在對待最親近的人身上，由近而遠。對沒有親屬關係的，則將愛轉變爲「尊重」，即尊重有賢才的人。依親屬關係分別遠近；依才能區別高低，表現「親」和「尊」的次第，就是禮的根原。

㈥從在「下位者」（擔任有關政治職位者，此處指帝王的輔佐者。）說起，如果對其親長沒有親愛之情；對有才能的人沒有尊敬之心，便得不到在上位者的信任。沒有在上位者的支持，便不能順利的推行分內的業務。因爲在下位的人是實際處理人民事務的，工作明顯而具體，很容易看出是否有效。而有效與否，以親親尊賢的差等爲依據，因爲這些差等是依禮（即是理）而定的。

㈦由修身而事親，而知人，以至知天，是從政道推衍，由人修身而完成「人道」；再由人道上通「天道」。一系貫穿，恰是中庸的精神。而這個系列的基礎：親親尊賢，即是由「中和」的情感作用開始。

凡為天下國家有九經，曰：脩身也，尊賢也，親親也，敬大臣也，體群臣也，子庶民也，來百工也，柔遠人也，懷諸侯也。脩身，則道立；尊賢，則不惑；親親，則諸父昆弟不怨；敬大臣，則不眩；體群臣，則士之報禮重；子庶民，則百姓勸；來百工，則財用足；柔遠人，則四方歸之；懷諸侯，則天下畏之。（二十）

釋

所有治理國家的有九種恆久不變的常典：就是修身、尊賢、親親、禮遇大臣、體恤群臣、愛民如子、延攬百工、寬待遠方來的人、感召諸侯。修身，可以立人道；尊敬賢人，則明白道理；親親，則伯叔兄弟沒有怨望；禮遇大臣，則施政不會迷亂；體恤群臣，臣下就會盡心盡力地報答；愛民如子，百姓就勸勉；延攬百工，則器物財貨充足；寬待遠來的人，則四方的人民會齊來歸附；感召諸侯，則天下的人都會敬畏臣服。

詮

㈠這一則治國之道有九項常規，仍然是從健全本身開始，即是始於修身。修身依乎中庸，情感作用適度，本身即處於內在平衡安適的狀況。然後是對待各種身分不同的人，不外乎本諸「禮」（外在表現）和情。

㈡「修身」則「道立」，是「立人道」，親親已經包含在內，其餘都在政道之中，由近處開始，尊賢、敬大臣、體群臣，是對待輔佐人員的常規，可見君王並不必用「專制」的方式，更不會「視臣如草芥」。後世往往以「無道」的帝王概括專制之不合理，忽略了無道帝王本就不合儒家所推崇的王道人選；而行王道的帝王也很少一意孤行的專制。

㈢儒家的理想政治不僅求國家人民的福祉，其最遠大的理想是「世界大同」。雖然其時還不知道有現在的「世界」，但已把視野放到無限的空間，凡是有人的地方，都包括在內。這種觀點，超出「國家主義」之上，是先哲胸懷遼闊之處。

後世往往只就著切近的政治狀況著眼，未曾注意宏觀的一面。

㈣子庶民、來百工、柔遠人、懷諸侯，決不是專制可以收效的。只有行政道才能得到百姓信服、四方歸順、所有天下人敬重。論語裡孔子說：「爲政以德，譬如北辰，居其所而眾星共之。」（爲政）又說：「……政者正也。子率以正，孰敢不正。」（顏淵）可見爲政者先要「正己」，才能爲人表率。專制帝王不能久於其位，歷史中有許多明證。

齊明盛服，非禮不動，所以脩身也；去讒遠色，賤貨而貴德，所以勸賢也；尊其位，重其祿，同其好惡，所以勸親親也；官盛任使，所以勸大臣也；忠信重祿，所以勸士也；時使薄斂，所以勸百姓也；日省月試，既稟稱事，所以勸百工也；送往迎來，嘉善而矜不能，所以柔遠人也；繼絕世，舉廢國，治亂持危，朝聘以時，厚往而薄來，所以懷諸侯也。凡為天下國家有九經，所以行之者，一也。（二十）

釋

齋戒持潔，穿著整齊合度的衣服，不合禮的不要輕舉妄動，是修身的方式；不聽信讒言，遠離女色，看輕財貨，重視道德，可以勸進賢人；提高官階，加厚俸祿，好惡一致，是勸勉人盡心事奉親長的方法；使之有足夠的部屬供差遣，是鼓勵大臣的方法；眞誠對待，給予優渥的俸祿，是勸勉低階官吏的方法；在適當的時節使人民服役，減低賦稅，是鼓勵百姓的方法；定時考查，工作與報酬相當，是勸勉百工的方法；鄰國使節要走的依禮送行、要來的依禮接待、獎勵良善、憐恤貧弱，是召徠遠方人的方法；爲絕嗣的諸侯立後代，協助危亡的國家使之復興，扶持危難，定時朝聘天子，送諸侯禮物要豐盛，收禮物務要簡薄，是感召諸侯的方法。總之，治理國家天下的常典，雖有九項，作起來卻只有一個「誠」字而已。

詮

(一)本則是就前則申明治天下國家九項常規的作法。古代帝王諸侯都有祭祀的典禮，政治領袖用尊天敬祖的舉動表示其本身也「有所敬畏」。在祭禮之前，先要齋戒，即是屏除女色，沐浴淨身，素食靜坐，澄心寂慮，一秉至誠的準備行禮。

行禮時按規制穿著合度的衣服，言語舉動鄭重其事，表示個人由內到外，完全合乎禮（理）。主要的在於誠心誠意，愼重其事。領袖的威儀也顯現出來。眞正的目的在昭示天下人「恭敬」的禮儀，並非迷信。

所謂「典禮」所代表的，就是「精神」。任何一種宗教，都自有其典禮儀式，代表嚴肅誠敬。這種精神在信仰之外，可以培養認眞負責的態度，用在爲人和作事方面，才不致輕忽怠惰，自然更不會輕浮嬉戲。

㈡在修身以外的其他八項，各有其合理合度的作法。用賢能的人爲輔佐來治理政務，政務才會有條不紊。不過帝王也是人，也有人的弱點，最嚴重的是好惡不得其當。歷史事實中是帝王往往喜歡阿諛逢迎的人，厭惡忠心直言的人。阿諛逢迎者是爲「私心私利」，以博得帝王歡心而得到高官厚祿，以滿足其權力財勢的欲望，卻沒有任事的才能。通常稱這種人爲小人或佞臣。忠直的人多勸帝王親賢才，遠小人，不合「無道」帝王之所好，不但不接納諫言，甚至降禍於直言者，弊病還是出在情感作用缺乏理性成分。

㈢「明道」的帝王知道「民殷」則「國富」，所以致力於「富民安民」。古代以農立國，人民靠耕耘謀全家衣食；國家靠賦稅收入付出政務開支。合理的賦稅使人民交納賦稅之外，除了全家衣食，還有盈餘，生活才算富足。然而窮兵黷武的帝王，為了擴張土地和權勢，徵調人民服兵役；耽於享樂的帝王，為了建築宮室樓台，徵人民服勞役，不管是否妨害農耕；而且橫徵暴斂，在常規的賦稅之外，無限制的向人民需索，以致民不聊生的，歷史中屢見不鮮。這種作法，都歸在「無道」之中，並非帝王之道。

㈣周代初年分封列國諸侯，各侯國之間，有「邦交」之禮，互相「聘問」，以敦睦友誼。倘若有的侯國國內有變亂或災害，其他侯國有扶危濟困的義務。所以治國並不限於本國境內，和鄰國建立友善的關係同樣重要。

㈤「朝聘以時」的「朝」字，是指諸侯定期去「朝見」周王。因為「周王」是最高的統治者，諸侯位在周王之下。而周王對來朝的諸侯，同樣要依「禮」接待。而王室有事時，諸侯也有「勤王」的義務。孔子所說的「君君臣臣」，乃是君臣各有其分，各有對待「對方」的道理和禮儀。帝制取消後，君臣之名雖然消失，但行政系統，仍然有層次（現稱層級或層階）之別，如果沒有這種統屬的差別，政治必然紊亂失序。

非天子不議禮，不制度，不考文。今天下，車同軌，書同文，行同倫。雖有其位，苟無其德，不敢作禮樂焉；雖有其德，苟無其位，亦不敢作禮樂焉。（二十八）

釋

不在天子之位，就不該議定禮儀，不能制訂法度，不能考校文字。現在天下一統，車同軌，書同文，行爲的理則也一樣。即使有了帝王的地位，如果沒有聖人的德行，還是不敢擅自制禮樂；即使有聖人完美的德行，如果不在天子之位上，也不敢制作禮樂。

詮

㈠古代帝王稱天子，以爲帝位是受上天或天帝之命，責在爲人民謀福祉。尙書洪範中說：「天子作民父母，以爲天下王。」白虎通、「爵」中說：「天子者，爵稱也。王者父天母地，爲天子也。聖人受命，皆天所生，故謂天子。」

大概遠古部落時代，爲了解決部落間的糾紛，可能推舉部落首領中主持正義的爲「共主」，有了最高首領的意味，其「最高」的地位在「正義」，即是「德」。到有典籍可考以後，孔子稱道堯舜以德而居帝位，可知道德是「條件」，「有條件」才能有位。

㈡「非天子，不議禮、不制度、不考文。」是確定了天子是有德之人，才能居天子之位，然後才能擔當最重大的任務。可能古代人純樸而重實際，有德有才的人被擁戴爲領袖。爲了維持人類群體秩序，所以對人的身分要區分，至少領導者要有領導的德行和才能，服從者有服從的義務，這就是所謂貴賤之分。貴賤是就「位」而言，與人品無關。至於領導者的人品，是在其居於領導者之前，已經被認爲是「有德之人」，是「位」的先決條件。如果依此推衍，無論位之高下，都應有「相當」的德行為根據。則所謂「賤」，只是指「位在下」或「無位者」而言。孔子就曾說：「吾少也賤，故多能鄙事。」是說少時不在位，所以做過多種平常人做的事，不指人品。

㈢「禮」是中華文化的核心。這個字的字義是「履」，是履行。此後衍中為「行」的軌範，禮記坊記中說：「禮者，因人之情而為之節文，以為民坊者也。」「坊」同「防」，因為人情需要加以理性調和以合乎中庸之道，行為要加以理性節制，才不致逾節。禮記仲尼燕居中說：「禮也者、理也。」就很明白了。禮記曲禮中說：「夫禮者，所以定親疏、決嫌疑、別同異、明是非也。」最粗淺的說：「禮」在於「區分」，區分是為了有「條理」，有條理則不亂，不亂便是有「秩序」。曲禮中又說：「是故聖人作為禮以教人，使人以有禮，知自別於禽獸。」於是「禮」給人加上了「文采」，和禽獸有了明顯的分別。

禮記禮運中說：「是故禮者，君之大柄也。所以別嫌明微、儐鬼神、考制度、別仁義，所以治政安君也。」又說：「故聖人之所以治人七情，脩十義，講信修睦，尚辭讓，去爭奪，舍禮何以治之。」由此可以了解「禮」的意義，也可了解「聖人」和「天子」的條件，同樣要以「德」為本，不過有德的聖人，若不在天子之位，不敢作禮樂，否則便「不合禮」；天子而無聖人之德，也不敢作禮樂，因爲禮義是「達天道、順人情之大竇。」無德之人，不會明白這樣的道理。

㈣照禮義制度，人雖相同，但在國家體制下，自天子、百官、士、庶人等，有了「職分」的區別，即是各有職責。只有天子才能議禮、制度、考文，似乎和民主制度不合。實際上民主的眞諦，在於人民都有表達意見的權力和自由。不過「表達」不等於「決定」。如果每個人各自堅持己見，將無所適從。所謂「車同軌、書同文、行同倫」乃是「統一」，而非紛歧。必須統一的行政措施，基本上是爲了「福利人民」，但必須在「一致」的原則下，才能達到目的。如果人們各爲私利，不顧大體時，就需要最高權利來決定了。當然這決定也不應該如專制帝王般的「一意孤行」。

中庸裡所說的政道，由「帝道」（如堯舜）而「王道」（如禹湯文武），以至諸侯國君的治道。其先決條件是爲帝王侯國之君者，是有德的聖人，至少也是修道的君子。「有德才有位」是政治領袖的必須條件。「有位而無德者」不在論述之列。

子曰：「吾說夏禮，杞不足徵也；吾學殷禮，有宋存焉；吾學周禮，今用之，吾從周。」（二十八）

釋

孔子說：「我喜歡夏代的禮制，可是其後裔杞國已沒有完整的文獻可供徵驗。我學習殷商的禮儀，可是其後裔宋國所有的已不合用。我學習周禮，正是當前應用的，所以我遵從周禮。」

詮

㈠這一則的前半，在禮記禮運中出現於「言偃問禮」的文字是：

孔子曰：我欲觀夏道，是故之杞，而不足徵也，吾得夏時焉。我欲觀殷道，是故之宋，而不足徵也，吾得坤乾焉。

又論語八佾中有：

子曰：夏禮、吾能言之，杞不足徵也。殷禮、吾能言之，宋不足徵也。文獻不足故也。足則吾能徵之矣。

這一則加上「吾學周禮，今用之，吾從周。」可知孔子所講論的禮，是在當時仍然存在而實行的。也可能是周禮曾經因周公就前二代加以修正補充，更爲完備的緣故。

㈡從這裡也可以領會到孔子治學的態度，即是要知道一項事務，必須有充分的佐證，不肯輕易談論，知而不確實者，寧可「存而不論」。治學嚴謹，必求確切，是「誠」；知而不確不輕言，仍然是「誠」。

㈢這一則似乎與政道不直接相關，實則不然。歷史中傳述周公輔佐武王成王，以禮樂治天下，實際上是以禮樂教化人民，國家才能在有秩序的狀況下，趨向繁榮。所以教育是行政中最重要的工作。用禮樂作修身的工具，禮在節制外在行爲，樂在陶冶內在情感，大學中說：「自天子以至庶民，壹是，皆以修身爲本。」由天子爲表率，應用適合於「當時」的禮樂「化民成俗」，是治國的基本工作。

王天下有三重焉，其寡過矣乎？上焉者，雖善無徵，無徵不信，不信民弗從。下焉者，雖善不尊，不尊不信，不信民弗從。故君子之道，本諸身，徵諸庶民，考諸三王而不繆，建諸天地而不悖，質諸鬼神而無疑，百世以俟聖人而不惑。質諸鬼神而無疑，知天也，百世以俟聖人而不惑，知人也。是故君子動而世為天下道，行而世為天下法，言而世為天下則；遠之則有望，近之則不厭。詩曰：「在彼無惡，在此無射；庶幾夙夜，以永終譽。」君子未有不如此而蚤有譽於天下者也。（二十九）

釋

帝王治理天下，有三件重要的事，作到了就沒有什麼過錯。居上位，雖然好，卻無可徵驗；不能徵驗，就不足以表現信實；不見信實，百姓就不服從。居下位的，雖然好，卻不受尊崇，不受尊崇就得不到信賴；不見信賴百姓就不服從。所以君子之道，應從修養自己開始，然後以百姓是否信服做驗證，再考查夏商周等三代而沒有錯誤，行之於天地之間而順乎天道，校於鬼神而沒有疑慮，百世之後的聖人也不會懷疑。校於鬼神而沒有可疑的，可說是知天；百世以後的聖人也不疑惑，可說是知人。故而君子的舉動，可以做世世代代的常道；作爲可以做世世代代的範軌；言語可以做世世代代的原則。遠處的人會景仰；近處的人不厭惡。詩經（周頌．振鷺）中說：「別處沒有人怨，這裡沒有人惡，幾乎日夜匪懈，以永遠保有令譽。」君子沒有不這樣做，而能早立美名的。

詮

㈠「王天下有三重」，朱注中「呂氏曰：三重謂議禮、制度、考文。」似乎是接原編二十八章而言，自無不可。但就本則而言，「三重」的目的在「寡過」。寡過之道，一在於在上位者，要有善、有徵、才有信。二在於在下位者，要有善、有尊、才有信。三在於在位者都能取信於民，然後民才肯服從。「兩信一從」，也可視爲是三件重要因素。爲政者自在上位的帝王及在下位的臣僚都能取信於民，人民也會以信立身，國家才會入於治。試看論語顏淵中的一段話：

子貢問政。子曰：「足食足兵，民信之矣。子貢曰：必不得已而去於斯三者，何先？曰：去兵。子貢曰：必不得已而去於斯二者，何先？曰：去食。自古皆有死，民無信不立。

㈡「信」出自於「誠」。「誠」則無妄。有妄無妄需要確實的證據。所謂「言必信，行必果」都要有可靠的實據。言行出自每個人，是否言而有信，行而有果，要落到別人眼裡才能證明，不是「自以爲是」就「必然如是」。就帝王來說，以自己爲本，來自行驗證，無論在公開場合或是暗室屋漏，是否一致的誠實無欺，自己自然知道。然後從「輿論」驗證，是否百姓都相信，可以從其是否服從自己來判斷。其次是考查與三代王道有無背繆之處，若沒有便是「有史可徵」。再次是考慮是否合乎天道、鬼神，以至設想是否可以行之百世，即是未來，有聖人出現時，也不以爲非。如此層層驗證，沒有「失誤」，才可以作爲。其間包括了明白鬼神無私，聖人大智大德，是通天徹地，了解人的大道理。

有了這樣的了解，自己的作爲才能通行無礙。身爲帝王的人，要想「寡過」，則要無日無夜的時刻謹言慎行，堅持修身之道，致力於治國之道，保持王位還在其次，主要的是「王道」不但可以實行於當時，而且可以倡明於後世。

由此可以了解孔子所主張的王道，以帝王的德行爲前提，配合著「明智」，在於辛勤的「耕耘」，行王道者絕非貪殘霸道的專制君主。和柏拉圖所主張的「哲王」比較，頗有異曲同工之妙。

子曰：「舜其大知與！舜好問而好察邇言，隱惡而揚善；執其兩端，用其中於民；其斯以為舜乎！」（六）

釋

孔子說：「舜眞是一位有大智慧的人。他喜歡問，徵詢別人的意見，連最淺近的話都樂於仔細省察。對不好的言語和惡劣的事情隱而不說，對好的意見和善事就加以宣揚。把握住兩端之間的中道來治理人民，大概這就是舜之所以爲舜的原因吧。」

詮

㈠舜是孔子心目中的聖人和帝王。舜的政績載於尙書舜典，其爲人則散見於片斷的記載和傳說。把這些統括起來，可以確定舜有極高的智慧和德行。這一則是孔子贊美舜的智慧。

㈡典籍中有聖人是「生而知之」的含義，是不能驗證的說法。如果相信「好學近乎知（智）」，則好學在於「求知」，即凡是不知的都要變爲知，知道的多了也就顯示出「聰明」（智慧）。如此解釋可能易於爲人接受。

其次知道的多了，思慮也就比較周備而明確，也代表智慧。進而有明辨的能力，再進而所作的判斷和決定，也會是明智的。

㈢好問是「知」的來源。世界上很少有「全知」的人；同樣的，每個人也可能「獨有所知」。把別人的知吸收來，成爲自己的，便增加了自己知的廣度。

注意聽別人說話，「不以人廢言」，往往會得到有意義的線索，或者多有所知，或者得到啓示或警惕，同樣的有益。

不過問和聽的結果，決非全部都合乎道理或正確。需要經過愼思明辨，加以選擇，拮取合理而有益的，刪除不合理而無益的，如果自己不能明辨是非善惡，便不能作明智的選擇，甚至選擇錯誤。

沒有辨別能力，往往盲從，以至「道聽途說」，謠言之傳聞失實，便由於此。

㈢明辨需要「客觀」，排除「盲從」和「主觀」的好惡之情，應用「理性」（理智），站在「另一個立場」來衡量，可能看得比較周全，思慮得比較完備，辨別才接近正確。理性含有智慧的成分，也就在此。

「客觀」可以免除趨於「極端」，可以明白的看到在一個極端的對面，還有「相反」的一端，如此才知道「中庸之道」。亞里斯多得的「中道」，也是如此說。

舜在繼堯為帝之前，已經聲譽卓著，由其智慧和行事，得到人民的崇敬。舜即根據其豐富的生活經驗，用「中道」治理百姓，這是絕大多數人都接受而又認為是正確的，所以舜的治道，在中國歷史中，始終為人稱道，就以其因鯀治水無功，殃及百姓，而處以國法，卻又不因禹是罪人之子，而用禹治水，善惡分明，不「因人廢事」，可見有「知人之智」。

㈣據史記五帝紀中說，舜在歷山耕田時，歷山的耕田者互相讓開田邊的地，沒有爭奪侵占的行爲；在雷澤捕魚時，雷澤的人都不強占居地；在河濱製作陶器時，河濱出產的陶器都特別耐用。舜的父親使其掘井，想把他活埋在地裡（原因見下則詮），舜預先挖出一個可以容身的彎洞，從彎道中逃出。其父又教他上到倉廩頂上，然後在下面縱火，想燒死他。舜預先帶了兩個大草帽上去，火起後用草帽作翼，跳下來才未摔死。這兩件事可說是智慧的表現。

子曰：「舜其大孝也與！德為聖人，尊為天子，富有四海之內；宗廟饗之，子孫保之。故大德，必得其位，必得其祿，必得其名，必得其壽。故天之生物，必因其材而篤焉，故栽者培之，傾者覆之。詩曰：『嘉樂君子，憲憲令德，宜民宜人，受祿于天；保佑命之，自天申之』故大德者必受命。」（十七）

釋

孔子說：「舜眞是位大孝子啊！論他的道德，已是聖人；論他的尊貴，已做到天子；論他的財富，已擁有整個天下；去世後在宗廟中享受祭祀，子孫永遠保有這個祭禮，世世不絕。由此可見，至高之德的人，必定能得到相當的地位，必定能得到相當的俸祿，必定能得到相當的名聲，也必定能得到相當的壽數。所以天生萬物，必定根據他們的材質而加以助益，可以栽培的就培植，將會傾危的就使之倒下。詩經（大雅．假樂）中說：『美善快樂的君子，有盛大的美德，既宜於撫育萬民，又宜於任用賢人，接受了上天賜予的福祿，得到上天保祐，命他爲天子，且不斷賜福給他』所以大德的人必定能受天命而爲天子。」（李宗薇）

詮

㈠孔子說舜是大孝的人，從史記五帝紀中所見的是：舜母先死，其父瞽叟盲目，（有人說不是眼盲而是心盲，意謂愛後妻、寵後妻所生之子。）繼母生弟名象。瞽叟，後妻和象常要把舜殺死。舜在他們設謀危及生命時，便想法逃脫；輕微的傷害則逆來順受，並不怨恨，仍然孝敬父親和繼母，友愛異母弟。司馬遷的原文是：

舜父瞽叟頑，母嚚、弟象傲。舜順適不失子道。兄弟孝慈。欲殺，不可得；即求，嘗在側。

舜年二十以孝聞。

㈡司馬遷所列的五帝（神農、黃帝、帝嚳、堯、舜），與後世傳載的不同。司馬遷以爲「百家言黃帝，其文不雅馴。……余嘗西至空桐（傳爲黃帝問道於廣成子處），北過涿鹿（即黃帝、堯、舜定都處），東漸於海，南浮江淮矣，至長老皆各往往稱黃帝堯舜之處，風教固殊焉，總之不離古文者近是。……」

司馬遷爲了作五帝紀，曾經到處考查，可見史學家求眞求實的精神，因而其有關舜的記述有據，可以相信。

古代文字記載闕漏在所難免，司馬遷除了搜求典籍和各家的述說之外，並訪問「長老」，即各地年長者的傳述，但以「雅馴」者爲根據，或者可以說排除了荒誕不經或附會的傳說。

早期的文化跡象，在文字不完備的時候，多靠「老人講古」；尤其對過去人物的描述，有頌揚，也難免有貶抑，舜的「故事」，相當可聽，其中自有信實之處。孔子在司馬遷之前七百年，所知自然更多，也更爲翔實。後人以爲孔子所說的堯舜時代，有「理想」的成分，可能需要再事搜證後，另做論斷。

㈢大體說來，堯舜二帝，不全是子虛烏有。舜的故事，也會有相當的根據。孔子最嚮往的，是堯舜禪讓帝位，只在求能爲民造福的人來治理天下，所以說「天下爲公」，如此才能出現能行「王道」的帝王。自夏以後，帝王世襲，不肖的子孫居於帝位，自然不行王道，於是出現了若干暴君。孔子生當帝王世襲已成定制的時代，似乎不願「直斥」這種制度「不當」，才特別稱道堯舜。這一點，恐怕也是帝制廢除前，歷代學者和史官，「不敢」明言的一點。

子曰：「無憂者，其惟文王乎！以王季為父，以武王為子；父作之，子述之。武王纘大王、王季、文王之緒，壹戎衣而有天下，身不失天下之顯名，尊為天子，富有四海之內；宗廟饗之，子孫保之。武王末受命，周公成文武之德，追王大王、王季，上祀先公以天子之禮。斯禮也，達乎諸侯、大夫及士、庶人。父為大夫，子為士；葬以大夫，祭以士。父為士，子為大夫，葬以士，祭以大夫。期之喪，達乎大夫；三年之喪，達乎天子。父母之喪，無貴賤一也。」（十八）

釋

孔子說：「沒有憂愁的人，大概要算周文王了！有王季那樣的父親，有武王那樣的兒子；父親創業，兒子繼續並擴展。武王繼承太王、王季、文王的基業，代殷商而得到天下，自身聲名顯揚於海內，尊貴爲天子，富有四海內的土地，死後受宗廟的祭饗，子孫保持祭祀不絕。武王晚年受天命爲天子，周公繼承文王、武王的德業，追尊太王、王季以王的謚號，用天子的禮節祭祀祖先。這種祭禮的典禮，通用於諸侯、大夫、士人與百姓。如果父親是大夫，兒子是士，那麼父親死時，就以大夫的禮下葬，以士的禮祭奠。如果父親是士，兒子是大夫，那麼父親死時，就用士禮下葬，用大夫禮祭奠。旁系親屬喪期一年，到大夫爲止；直系親屬喪期三年，從庶民到天子都一樣。這就是父母之喪，沒有貴賤之別，完全一致。」（李宗薇）

詮

㈠古代中國，似乎爲部落分立的狀況。部落領袖，即史書所稱的「諸侯」。諸侯可能由於德行和才能服眾，才得成爲首長。爲了解決部落之間的糾紛，各部落又共同擁戴一位「共主」。共主由其德行才能爲部落首領所崇敬，因其既「治民」有道，又主持「正義」，而有了「獨尊於天下」的形式，大概帝堯即由此成爲「帝」，後來舜和禹得到帝位，也是基於這樣的條件。

㈡夏以後帝位變成世襲，王位不決定於才德，而由於「出生」，才出現了夏桀那樣的不符眾望的君王。夏桀因「失德」而失去「諸侯」的擁戴，於是商湯伐桀，取代了王位。商湯得王位由於武力，不出自諸侯的「共舉」，在尚書商書中一開始的「湯誓」中便說：「有夏多罪，天命殛之。」把「伐桀」委諸「天命」，而不是自己的意思，可能是要使所有部落「承認」自己爲君王，出於至高無上的「天意」。在早期宗教意識濃厚的時代，容易收攬人心，此後商書中常常出現「上帝」、「天帝」的名稱，用以號召天下，可以說「帝位」不出自「民意」，只好用另一種觀念來解釋。

㈢周代原也是殷商的一個「侯國」。武王伐紂而作了君王，和商湯一樣的出自武力。要得到全部侯國的「承認」，有了另一種「說法」。即是推崇「先代」的「德業」：從武王之父文王的德行（史記說「西伯（文王）陰行善，諸侯皆來決平。」和功績（三分天下有其二，即全國三分之二的諸侯崇奉西伯姬昌），上推到王季以至太王，都是有德者，於是「追念先祖」便成了施政的一個方略，祭祖之禮到此更爲完備，而且通行全國。此後「孝道」也就成了最基本且最重要的德行。

㈣傳述周公制禮作樂，自天子以至庶人，「尊祖」之禮便成爲祭祀的典章。

周初將商代後裔封在宋，以沿續其先代祭祀，即是實行此方略。

㈤從現存禮記中可以看到「喪服」、「祭義」等許多篇。從現代生活狀況著眼，不免有些過於繁瑣，已經不適合實行。實際上其眞正的精神，在於使人不忘所「本」。最切近的是父母生我育我，備嘗辛勞，應該有一份感恩之心，再由父母上推到祖父母以至曾高，生出愼終追遠的情懷，乃是「人情」。

㈥論語中宰我以爲三年的父母喪期未免太長，應縮短爲一年就夠了。照喪禮，子女在服喪期間，應該避免宴樂，保持心中的哀傷，所以孔子問他，在喪期中吃好東西，穿貴重衣服，你會安心嗎?宰我居然說「安」。孔子說：君子居喪，吃甘旨也不覺得味美，聽音樂也不會快樂，住華夏也不安心，所以才不作。然後說，幼兒要到三歲，才能離開父母的懷抱。言外之意是，服喪三年，正是反報父母的辛勞，心中念念不忘父母的辛勞，才不忍求自己的享受。重要的在懷念父母，所以在父母生時便要極盡孝道，死後也不能立即忘諸腦後。

人們愛子女無微不至，卻很少想到父母也曾如此無微不至的愛自己。這一種遺忘本能，是人的一大憾事。若能把愛子女的心移一部分到父母身上，就不會有老而無養的人了。

子曰：「武王、周公其達孝矣乎！夫孝者善繼人之志，善述人之事者也。春秋，脩其祖廟，陳其宗器，設其裳衣，薦其時食。宗廟之禮，所以序昭穆也；序爵，所以辨貴賤也；序事，所以辨賢也；旅酬下為上，所以逮賤也；燕毛，所以序齒也。踐其位，行其禮，奏其樂；敬其所尊，愛其所親；事死如事生，事亡如事存，孝之至也。」

釋

孔子說：「武王、周公是天下公認能盡孝道的人。所謂孝，就是善於繼承先人遺志、善於完成先人事業。春秋祭祀的時候，修祖廟，陳列祭器，擺設先人穿過的衣服，供奉應時的食物。宗廟祭祀的禮儀，是用作排定左右先後的次序；按爵位的高低排列，是用來辨別貴賤；分配祭祀的職事，是藉以辨別才能高下；飲酒時，晚輩向尊長敬酒，自己先導飲，尊長後酬飲，是使光榮下達至晚輩；飲宴之時，按鬚髮的黑白來決定坐次，是爲分別長幼次序。站在應站的位置，行應行的禮儀，演奏祭祀的音樂，尊敬所應該尊敬的人，愛所應該愛的人；奉事已死的人，如同活著時一樣；事奉過世的人，如同活著時一般，可說是孝的極致了。」

（魯先華）

詮

㈠前則曾贊美舜爲「大孝」，此則以武王周公爲「達孝」。兩者的不同之處是：舜要爲瞽叟那樣的父親「隱諱」其不當的行爲，自然無從繼其志，行其事。武王和周公是繼文王以至前三代的德業，建立了周代，議禮、制度、考文。自堯舜以來，國家制度到此時完全成立。

㈡周公在武王之後，繼續輔佐成王，因恐成王貪圖逸樂，荒廢國政，作「多士」及「無逸」兩篇，現存於尚書周書中。「無逸」篇中，大致說，以農人爲例，上一代（父母）勤勞稼穡，十分勞苦，沒有安逸，做人子的不知道稼穡之艱難，只知受父母豢養，縱「逸」自恣，習於下流，反侮謗父母不懂得逸樂，徒自勞苦，乃是絕大的錯誤。並歷述先祖太王、王季謙抑謹愼，文王節儉勤勉，才使遺澤惠及子孫。然後勸戒成王不要貪圖逸樂之事，以免荒廢政務而失去民心。以恪守先代的德行，競競業業的完成本身的任務為孝行的一項，成為中華文化中為人子者，以「不墜家風」為自己的任務的傳統。

「家風」即代表一個家族的傳統，而且指「優良傳統」，所以也說是「家聲」，指一個家族的聲譽。由此祭祖便成了一件鄭重而嚴肅的行事。

照周代禮制，天子有宗廟，有固定的祭祀時間和儀式。天子依禮行事，一則表示孝思，一則也作人民的表率。

㈢周制天子有七廟，自高祖、曾祖、祖至父，可能此制訂於成王時，出自周公，則武王為成王父，文王為祖父。周代稱王的業績，始於文王，成於武王。祭祀時文王之前的祖輩「神主」，可能居中，而以文王為「祖」，稱「昭」，居左；武王為「宗」，稱「穆」，居右。也就是說居「中位」的第二代屬昭，依次第四、第六等都居左；第三、五、七等代都居右。這樣依次排列，遂有「文昭武穆」之說。

文武後代支系與祭時，也按這種序列分左右站立，便有了明顯的輩分之別。

㈣祭典中有陪祭的官員，這些官員也按爵位高低決定站立的位置，以區別貴賤。貴表示高，賤表示低，非從價值觀點判斷。

㈤祭典中自然有從事典禮中各種舉動的人，爲職事，這些「職務」的類別依賢能與否而定，使人從所掌的職務，可以知道賢愚的程度。

㈥「旅酬」可能是行禮之後，衆人互相舉酒以表示禮敬，由晚輩「先」向長輩舉杯，顯示晚輩也有「先」採取行動的機會，不是事事都「落於人後」。在隆重的典禮中不忽略晚輩，可見「禮」是重視「人情」的。

㈦祭禮完畢後，可能是全體坐下來，享受「餘糲」，此時的坐位，依年齡分上下。分別年齡大小，顯然無法一一詢問，所以從鬚髮的顏色來判別。

像這樣的祭典，親疏、尊卑、貴賤、長幼都顧到，不算民主嗎？

㈧「事死如事生，事亡如事存」，是情感最眞摯的表現，也是中華文化孝道精神的所在。

人的記憶力使人有一些終生不忘的經歷，但是在記憶力未完全發展的階段，所經驗的無法保留，故而對幼年時期父母養育的辛勞，難以體會。有些人在自己有了子女後，才知道養育幼兒的滋味。這其中有些人也只是知道了自己的辛苦而已，並未向上推想到父母。先哲至少領悟到這一點，才對父母的恩德終生不忘，不但在父母生時克盡孝道，即在父母亡故後，對「親情」的溫暖也留戀不已。祭祀在表示追念，祭祀時的儀式，在表示追念的情懷，不忘這一點，才見出深厚的感情。若不愛父母而能愛別人，這樣的情感是否眞摯，就值得懷疑了。

㈨禮記祭義中有段話說：「孝子之有深愛者，必有和氣。有和氣者，必有愉色。有愉色者，必有婉容。孝子如執玉，如奉盈。洞洞屬屬然，如弗勝，如將失之，嚴威儼恪，非所以事親也，成人之道也。」

這是說對父母有誠摯的親愛之情的人，朝夕在父母身邊，自然形成固定不變的平和之氣。平和之氣形成愉悅的臉色。愉悅的臉色構成柔婉的容貌。整個體態猶如掌握著玉，捧著滿杯的水湯，小心謹愼，惟恐拿握不平不穩。可說是日久形成的儀容姿態。這種儀容姿態，不只是事親如此，乃是成人或成爲君子之道。也可以說「成人」是從事親開始，培養出君子的風範，愛的情感自內心出發，表現出愉悅和樂和恭敬。

㈩禮記祭義中又有一段話說：

先王之所以治天下者五：貴有德、貴貴、貴老、敬長、慈幼。此五者，先王之所以定天下也。貴有德，何爲也？爲其近於道也。貴貴，爲其近於君也。貴老，爲其近於親也。敬長，爲其近於兄也。慈幼，爲其近於子也。……所以領天下國家也。

由此可以看出何以宗廟之禮有許多安排和儀節，其目的不只是使在場的人知道親親、貴貴、尊老、敬長、慈幼的儀式，更要推而廣之，老吾老以及人之老，長吾長以及人之長，以至幼吾幼以及人之幼。就是孔子說的：「立愛自親始，教民睦也。立敬自長始，教民順也。教以慈睦，而民貴有親。教以敬長，而民貴用命。孝以事親，順以聽命，錯諸天下，無所不行。」

「郊社之禮，所以事上帝也；宗廟之禮，所以祀乎其先也。明乎郊社之禮、禘嘗之義，治國其如示諸掌乎！」（十九）

釋

「祭天地的禮儀，是奉事上帝；祭祀的禮儀，是祭祀祖先的。能夠明白祭天

地的禮節和宗廟祭祀的意義，治理國家就像看手掌上的物件一樣的容易。」（魯先華）

詮

㈠祭天地是在郊外，「郊」是祭天，「社」是祭地。天道觀念中以爲「天地生物」，人也是物中的一類。不忘萬物之「原」，猶如不忘父母生我一般，所以由「天子」代表全體人祭祀，是中華文化中永遠存著一份「感恩」之心的特徵。

㈡「感恩」之心，表示對「嘉惠」我者，永誌不忘。相對的是，由感恩而摒除「怨尤」。在中華文化中，以天地生物爲「大德」，實際上人也因天地之自然現象的突變，如風雨不時，疾役流行之類，而身受其害。但這些突變只是偶然，掩不住生我的大德。猶如父母對子女百般呵護，有時也會打罵，子女不能因偶然的責罰，就抹殺了百般辛勞。何況正常的責罰，乃是出自善意。孝親者要體念親心，明白事理，便知道親情是不容抹殺的。

㈢郊社之禮在秋季舉行，也含著農業社會在秋季收穫之後，感謝天地使人得到生活之所需的意思。

然則遇到歉收，又當如何解釋呢？農業社會的人，在春耕夏耘，以等待秋收的過程中，可能鍛鍊出一種精神，即是一方面盡己之力耕耘，一方面耐心等待。在耐心等待的期間，自然存著「希望」。希望不是即刻能夠實現的，所以不會「急功近利」。這種心理狀況，使人在遇到荒年時，只慨嘆時運「不濟」，而不怨天尤人；另一方面，則是「寄望於來年」。因此仍然到了耕耘時期，又精神鼓舞的工作起來。

㈣曾有人批評農業社會的人，保守而缺乏進取精神，即使有進步，也相當遲緩。這樣看也不無道理。

不過農業社會尊天敬祖的觀念，也使人安分守己，爲求「合理」的生活，自己盡力而爲，故而沒有奢侈浪費，維持住自然和人類社會的平衡。又由愼終追遠的精神，會爲長久的未來打算，不會「趕盡殺絕」。證諸當前環保的迫切，利弊明顯可見。

㈤綜括說來，禮儀只是形式表現，所代表的是「精神」。精神是驅策行爲的樞紐。帝王的禮儀，是人民的表率。即使民主社會，其政治領袖的行爲言動，仍然足以影響人民。

子曰：「鬼神之為德，其盛矣乎！視之而弗見，聽之而弗聞，體物而不可遺。使天下之人，齊明盛服，以承祭祀，洋洋乎如在其上，如在其左右。詩曰：『神之格思，不可度思，矧可射思。』夫微之顯，誠之不可揜如此夫！」（十六）

釋

孔子說：「鬼神之德太盛大了！想看卻看不見，想聽卻聽不到，存在於萬物之中，而不可或遺。使天下所有的人齋戒沐浴，服裝整齊的敬奉祭祀，好像就在人頭上，又像在身邊。詩經（大雅．抑）中說：『神的降臨不可測度！怎麼可以怠慢不敬呢！』鬼神隱微又顯著，眞實無妄之心無可掩藏就是這樣！」（魯先華）

詮

㈠鬼神之說，禮記祭義的一段話可作解釋，文爲：

宰我曰：吾聞鬼神之名，不知其所謂。子曰：氣也者，神之盛也。魄也者，鬼之盛也。合鬼與神，教之至也。眾生必死，死必歸土，此之謂鬼。骨肉斃于下，陰爲野土。其氣發揚于上，爲昭明，焄（音ㄒㄩㄣ）蒿悽愴，此百物之精也，神之著也。因物之精，制爲之極，明命鬼神，以爲黔首則，百眾以畏，萬民以服。

這段話說人必然會死，死後埋在土中叫鬼，屍體腐化後，混入土中，是物質變化。其氣則蒸發上升，可能有光，能感觸，是物質的精華，是「神」的最主要部分。聖人即依此「精華」，創造了一個最可尊的名稱，叫做「鬼神」。用來畏服萬民。由此一說到鬼神，由其看不見，聽不到，而又可能無處不在，似乎在監督人的一言一行，甚至可以深察心意。視之爲祖先「神靈」，便不敢不恭敬，也不敢作違禮非法的事。

㈡後世所謂「以神道設教」，就是在「禮」和「法」之外，倡議有鬼神在冥冥中監視著人。這項監視作用達到暗室屋漏。不誠以至爲非的人，可能欺瞞別人，卻瞞不過鬼神。是利用人的恐懼情感，創造了一種極端可怕的「象徵」，使人有「最後的」畏懼目標，以杜絕非分的行為。

㈢敬鬼神是由敬生畏，也由畏而敬。人類中君子明道修道，可以約束自己，不作傷人害人的事。一般人的理性作用達不到這個層次，所以用軌範教人不盡有效，這就是道德教育之外，不得不用法治為規繩的原因。然而法律只治於行為發生之後，預防的效果仍然有限。因而再加上一個使人恐懼的鬼神，利用畏懼心理來阻止不規行為，也是治民者的苦心孤詣。

㈣使人在祖先死後，相信其神靈猶在，一則可以安慰孝子思親之心；一則藉祭祀來補償失去親長而不得事奉的遺憾。從情理方面說，是對人道透徹的了解，不必用迷信來解釋。

附錄：中庸原編

——世界書局諸子集成版

天命之謂性，率性之謂道，脩道之謂教。（原一章）

道也者，不可須臾離也，可離非道也。（原一章）

是故君子戒愼乎其所不睹，恐懼乎其所不聞。莫見乎隱，莫顯乎微。故君子愼其獨也。（原一章）

喜怒哀樂之未發，謂之中；發而皆中節，謂之和。中也者，天下之大本也；和也者，天下之達道也。致中和，天地位焉，萬物育焉。（原一章）

仲尼曰：「君子中庸，小人反中庸。君子之中庸也，君子而時中；小人之中庸也，小人而無忌憚也。」（原二章）

子曰：「中庸其至矣乎！民鮮能久矣。」（原三章）子曰：「道之不行也，我知之矣，知者過之，愚者不及也；道之不明也，我知之矣，賢者過之，不肖者不及也。人莫不飲食也。鮮能知味也。」（原四章）子曰：「道其不行矣夫。」（原五章）

子曰：「舜其大知也與！舜好問而好察邇言，隱惡而揚善，執其兩端，用其中於民，其斯以爲舜乎！」（原六章）

子曰：「人皆曰予知，驅而納諸罟擭陷阱之中，而莫之知辟也。人皆曰予知，擇乎中庸而不能期月守也。」（原七章）

子曰：「回之爲人也，擇乎中庸，得一善，則拳拳服膺而弗失之矣。」（原八章）

子曰：「天下國家可均也，爵祿可辭也，白刃可蹈也，中庸不可能也。」（原九章）

子路問強。子曰：「南方之強與？北方之強與？抑而強與？寬柔以教，不報無道，南方之強也。君子居之。衽金革，死而不厭，北方之強也，而強者居之。故君子和而不流，強哉矯！中立而不倚，強哉矯！國有道，不變塞焉，強哉矯！國無道，至死不變，強哉矯！」（原十章）

子曰：「素隱行怪，後世有述焉，吾弗爲之矣。君子遵道而行，半塗而廢，吾弗能已矣。君子依乎中庸，遯世不見知而不悔，唯聖者能之。」（原十一章）

君子之道費而隱。夫婦之愚，可以與知焉，及其至也，雖聖人亦有所不知焉。夫婦之不肖，可以能行焉，及其至也，雖聖人亦有所不能焉。天地之大也，人猶有所憾。故君子語大，天下莫能載焉；語小，天下莫能破焉。詩云：「鳶飛戾天，魚躍于淵。」言其上下察也。（原十二章）

君子之道，造端乎夫婦，及其至也，察乎天地。（原十二章）

子曰：「道不遠人，人之爲道而遠人，不可以爲道。詩云：『伐柯伐柯，其則不遠。』執柯以伐柯，睨而視之，猶以爲遠。故君子以人治人，改而止。」（原十三章）

忠恕違道不遠，施諸己而不願，亦勿施於人。（原十三章）

君子之道四，丘未能一焉：所求乎子，以事父未能也；所求乎臣，以事君未能也；所求乎弟，以事兄未能也；所求乎朋友，先施之未能也。庸德之行，庸言之謹，有所不足，不敢不勉，有餘不敢盡；言顧行，行顧言，君子胡不慥慥爾！」（原十三章）

君子素其位而行，不願乎其外。素富貴，行乎富貴；素貧賤，行乎貧賤；素夷狄，行乎夷狄；素患難，行乎患難；君子無入而不自得焉。在上位不陵下，在下位不援上，正己而不求於人則無怨。上不怨天，下不尤人。故君子居易以俟命，小人行險以徼幸。（原十四章）

子曰：「射有似乎君子，失諸正鵠，反求諸其身。」（原十四章）君子之道，辟如行遠必自邇，辟如登高必自卑。詩曰：「妻子好合，如鼓瑟琴；兄弟既翕，和樂且耽；宜爾室家，樂爾妻孥。」子曰：「父母其順矣乎！」（原十五章）

子曰：「鬼神之爲德，其盛矣乎！視之而弗見，聽之而弗聞，體物而不可遺。使天下之人齊明盛服；以承祭祀。洋洋乎！如在其上，如在其左右。詩曰：『神之格思，不可度思！矧可射思！』夫微之顯。誠之不可揜如此夫。」（原十六章）

子曰：「舜其大孝也與！德為聖人，尊為天子，富有四海之內。宗廟饗之，子孫保之。故大德必得其位，必得其祿，必得其名，必得其壽。故天之生物，必因其材而篤焉。故栽者培之，傾者覆之。詩曰：『嘉樂君子，憲憲令德！宜民宜人；受祿于天；保佑命之，自天申之！』故大德者必受命。」（原十七章）

子曰：「無憂者其惟文王乎！以王季為父，以武王為子，父作之，子述之。武王纘大王、王季、文王之緒。壹戎衣而有天下，身不失天下之顯名。尊為天子，富有四海之內。宗廟饗之，子孫保之。武王末受命，周公成文武之德，追王大王、王季，上祀先公以天子之禮。斯禮也，達乎諸侯大夫，及士庶人。父為大夫，子為士，葬以大夫，祭以士。父為士，子為大夫；葬以士，祭以大夫。期之喪達乎大夫；三年之喪達乎天子，父母之喪無貴賤一也。」（原十八章）

子曰：「武王、周公，其達孝矣乎！夫孝者，善繼人之志，善述人之事者也。春秋脩其祖廟，陳其宗器，設其裳衣，薦其時食。宗廟之禮，所以序昭穆也；序爵，所以辨貴賤也；序事，所以辨賢也；旅酬下為上，所以逮賤也；燕毛，所以序齒也。踐其位，行其禮，奏其樂，敬其所尊，愛其所親，事死如事生，事亡如事存，孝之至也。郊社之禮，所以事上帝也，宗廟之禮，所以祀乎其先也。明乎郊社之禮，禘嘗之義，治國其如示諸掌乎。」（原十九章）

哀公問政。子曰：「文武之政，布在方策。其人存，則其政舉；其人亡，則其政息。人道敏政，地道敏樹。夫政也者，蒲盧也。「（原二十章）

故爲政在人，取人以身，脩身以道，脩道以仁。仁者人也，親親爲大；義者宜也，尊賢爲大；親親之殺，尊賢之等，禮所生也。（原二十章）

在下位不獲乎上，民不可得而治矣！（原二十章）

故君子不可以不脩身；思脩身，不可以不事親；思事親，不可以不知人；思知人，不可以不知天。（原二十章）

天下之達道五，所以行之者三；曰君臣也，父子也，夫婦也，昆弟也，朋友之交也。五者天下之達道也。知、仁、勇三者，天下之達德也，所以行之者一

也。（原二十章）

或生而知之，或學而知之，或困而知之，及其知之一也；或安而行之，或利而行之，或勉強而行之，及其成功一也。（原二十章）

子曰：「好學近乎知，力行近乎仁，知恥近乎勇。知斯三者，則知所以脩身；知所以脩身，則知所以治人；知所以治人，則知所以治天下國家矣。」（原二十章）

凡爲天下國家有九經，曰：脩身也，尊賢也，親親也，敬大臣也，體群臣也，子庶民也，來百工也，柔遠人也，懷諸侯也。脩身則道立，尊賢則不惑，親親則諸父昆弟不怨，敬大臣則不眩，體群臣則士之報禮重，子庶民則百姓勸，來百工則財用足，柔遠人則四方歸之，懷諸侯則天下畏之。齊明盛服，非禮不動，所以脩身也；去讒遠色，賤貨而貴德，所以勸賢也；尊其位，重其祿，同其好惡，所以勸親親也；官盛任使，所以勸大臣也；忠信重祿，所以勸士也；時使薄斂，所以勸百姓也；日省月試，既稟稱事，所以勸百工也；送往迎來，嘉善而矜不能，所以柔遠人也；繼絕世，舉廢國，治亂持危，朝聘以時，厚往而薄來，所以懷諸侯也。凡爲天下國家有九經，所以行之者一也。（原二十章）

凡事豫則立，不豫則廢。言前定則不跲，事前定則不困。行前定則不疚，道前定則不窮。在下位不獲乎上，民不可得而治矣；獲乎上有道：不信乎朋友，不獲乎上矣；信乎朋友有道；不順乎親，不信乎朋友矣；順乎親有道：反諸身不誠，不順乎親矣；誠身有道：不明乎善，不誠乎身矣。」（原二十章）

誠者，天之道也。（原二十章）

誠之者，人之道也。（原二十章）

誠者不勉而中，不思而得，從容中道，聖人也，誠之者，擇善而固執之者也。（原二十章）

博學之，審問之，愼思之，明辨之，篤行之。有弗學，學之弗能弗措也；有弗問，問之弗知弗措也；有弗思，思之弗得弗措也；有弗辨，辨之弗明弗措也；

有弗行，行之弗篤弗措也；人一能之己百之，人十能之己千之。果能此道矣，雖愚必明，雖柔必強。（原二十章）

自誠明，謂之性；自明誠，謂之教。誠則明矣，明則誠矣。（原二十一章）

唯天下至誠，爲能盡其性；能盡其性，則能盡人之性；能盡人之性，則能盡物之性；能盡物之性，則可以贊天地之化育；可以贊天地之化育，則可以與天地參矣。（原二十二章）

其次致曲，曲能有誠，誠則形，形則著，著則明，明則動，動則變，變則化，唯天下至誠爲能化。（原二十三章）至誠之道，可以前知。國家將興，必有禎祥；國家將亡，必有妖孽；見乎蓍龜，動乎四體。禍福將至：善，必先知之；不善，必先知之。故至誠如神。（原二十四章）

誠者自成也，而道自道也。（原二十五章）

誠者物之終始，不誠無物。是故君子誠之爲貴。（原二十五章）

誠者非自成己而已也，所以成物也。成己，仁也；成物，知也。性之德也，合外內之道也，故時措之宜也。（原二十五章）

故至誠無息。不息則久，久則徵，徵則悠遠，悠遠則博厚，博厚則高明。博厚，所以載物也；高明，所以覆物也；悠久，所以成物也。博厚配地，高明配天，悠久無疆。如此者，不見而章，不動而變，無為而成。（原二十六章）

天地之道，可一言而盡也，其為物不貳，則其生物不測。（原二十六章）

天地之道：博也，厚也，高也，明也，悠也，久也。今夫天，斯昭昭之多，及其無窮也，日月星辰繫焉，萬物覆焉。今夫地，一撮土之多，及其廣厚，載華嶽而不重，振河海而不洩，萬物載焉。今夫山，一卷石之多，及其廣大，草木生之，禽獸居之，寶藏興焉。今夫水，一勺之多，及其不測，黿鼉、蛟龍、魚鼈生焉，貨財殖焉。詩云：「維天之命，於穆不已！」蓋曰天之所以為天也。「於乎不顯！文王之德之純！」蓋曰文王之所以為文也，純亦不已。（原二十六章）

大哉聖人之道！洋洋乎！發育萬物，峻極于天。優優大哉！禮儀三百，威儀三千。待其人而後行。故曰苟不至德，至道不凝焉。故君子尊德性而道問學，致廣大而盡精微，極高明而道中庸，溫故而知新，敦厚以崇禮。是故居上不驕，爲下不倍，國有道其言足以興，國無道其默足以容。詩曰：「既明且哲，以保其身。」其此之謂與！（原二十七章）

子曰：「愚而好自用，賤而好自專，生乎今之世，反古之道。如此者，烖及其身者也。」（原二十八章）

非天子，不議禮，不制度，不考文。今天下車同軌，書同文，行同倫。雖有其位，苟無其德，不敢作禮樂焉。雖有其德，苟無其位，亦不敢作禮樂焉。（原二十八章）

子曰：「吾說夏禮，杞不足徵也；吾學殷禮，有宋存焉；吾學周禮，今用之。吾從周。」（原二十八章）

王天下有三重焉，其寡過矣乎！上焉者雖善無徵，無徵不信，不信民弗從；下焉者雖善不尊，不尊不信，不信民弗從。故君子之道，本諸身，徵諸庶民，考諸三王而不繆，建諸天地而不悖，質諸鬼神而無疑，百世以俟聖人而不惑。質請鬼神而無疑，知天也；百世以俟聖人而不惑，知人也。是故君子動而世為天下道，行而世為天下法，言而世為天下則。遠之則有望，近之則不厭。詩曰：「在彼無惡，在此無射；庶幾夙夜，以永終譽。」君子未有不如此而蚤有譽於天下者也。（原二十九章）

仲尼祖述堯舜，憲章文武；上律天時，下襲水土。辟如天地之無不持載，無不覆幬。辟如四時之錯行，如日月之代明。萬物並育而不相害，道並行而不相悖，小德川流，大德敦化，此天地之所以為大也。（原三十章）

唯天下至聖，為能聰明睿知，足以有臨也；寬裕溫柔，足以有容也；發強剛毅，足以有執也；齊莊中正，足以有敬也；文理密察，足以有別也。溥博淵泉，而時出之。溥博如天，淵泉如淵。見而民莫不敬，言而民莫不信，行而民莫不說。是以聲名洋溢乎中國，施及蠻貊，舟車所至，人力所通；天之所覆，地之所載，日月所照，霜露所隊；凡有血氣者，莫不尊親，故曰配天。（原三十一章）

唯天下至誠，爲能經綸天下之大經，立天下之大本，知天地之化育。夫焉有所倚？肫肫其仁！淵淵其淵！浩浩其天！苟不固聰明聖知達天德者，其孰能知之？（原三十二章）

詩曰：「衣錦尚絅」，惡其文之著也。（原三十三章）

故君子之道，闇然而日章，小人之道，的然而日亡。君子之道：淡而不厭，簡而文，溫而理，知遠之近，知風之自，知微之顯，可與入德矣。詩云：「潛雖伏矣，亦孔之昭！」故君子內省不疚，無惡於志。君子之所不可及者，其唯人之所不見乎。詩云：「相在爾室，尚不愧于屋漏。」（原三十三章）

故君子不動而敬，不言而信。詩曰：「奏假無言，時靡有爭。」是故君子不賞而民勸，不怒而民威於鈇鉞。（原三十三章）

詩曰：「不顯惟德！百辟其刑之。」是故君子篤恭而天下平。詩曰：「予懷明德，不大聲以色。」子曰：「聲色之於以化民，末也。」詩曰：「德輶如毛」，毛猶有倫。「上天之載，無聲無臭」，至矣。（原三十三章）

Note

家圖書館出版品預行編目資料

中庸釋詮／賈馥茗等詮釋. 一一初
版.一一臺北市：五南，民 88
面； 公分.
SBN 978-957-11-1812-3（平裝）

.中庸-註釋

21.2532 88005709

1X78 古典嗜讀

中庸釋詮

編 著 者 — 賈馥茗　李宗薇　魯先華　葉坤靈
陳玉珍

發 行 人 — 楊榮川

總 經 理 — 楊士清

副總編輯 — 黃惠娟

責任編輯 — 蔡佳伶

出 版 者 — 五南圖書出版股份有限公司

地　　址：106台北市大安區和平東路二段339號4樓

電　　話：(02)2705-5066　　傳　真：(02)2706-6100

網　　址：http://www.wunan.com.tw

電子郵件：wunan@wunan.com.tw

劃撥帳號：01068953

戶　　名：五南圖書出版股份有限公司

法律顧問　林勝安律師事務所　林勝安律師

出版日期　1999年5月初版一刷
2018年7月初版二刷

定　　價　新臺幣260元